Kritik des Staatsfeminismus

Sexual Politics 6

Dank:

Lilly Lent: Ich danke allen, die sich für unseren Text interessiert und mit uns diskutiert haben.

Andrea Trumann: Vielen Dank an Seb Bronsky für das sehr gewissenhafte und gründliche Korrekturlesen meiner Kapitel und die Geduld, dier er aufbrachte, den Text gemeinsam mit mir zu überarbeiten. Danken möchte ich auch Matthias Roth, Ulrike Becker und Michael Spaney dafür, dass sie mir ihre Räumlichkeiten zur Verfügung gestellt haben, damit ich in Ruhe und mit viel Sonnenschein schreiben konnte. Ein besonderer Dank gilt Katrin Fischer und Dieter Bertz, die die Idee für das Buchprojekt hatten, und für ihre Geduld beim Warten auf unser Manuskript. Zu guter Letzt bedanke ich mich bei meiner Tochter dafür, dass sie die ersten Wochen ihres Lebens tagsüber soviel geschlafen hat, sonst wäre die Fertigstellung des Buches nicht möglich gewesen.

Über die Autorinnen:

Lilly Lent, geboren 1972, lebt seit vielen Jahren in Berlin und arbeitet als Lehrerin.

Andrea Trumann, geboren 1973, arbeitet als Sozialpädagogin in der Jugendhilfe; sie hat eine Tochter; zahlreiche Veröffentlichungen; Autorin des Standardwerks *Feministische Theorie. Frauenbewegung und weibliche Subjektbildung im Spätkapitalismus*.

Lilly Lent / Andrea Trumann

Kritik des Staatsfeminismus

Oder: Kinder, Küche, Kapitalismus

BERTZ + FISCHER

Bibliografische Information der
Deutschen Nationalbibliothek
Die Deutsche Nationalbibliothek verzeichnet diese
Publikation in der Deutschen Nationalbibliografie;
detaillierte bibliografische Daten sind im Internet über
http://dnb.dnb.de abrufbar.

Umschlagmotiv und -gestaltung:
Dieter F. Bertz

Wrangelstr. 67, 10997 Berlin
Printed in Poland
ISBN 978-3-86505-724-2

Inhalt

Einleitung: Der Staat und ich   7

Die Ideologie der guten Mutter: 12
Vom differenzfeministischen Antikapitalismus
zur Staatsdoktrin

Die aktuelle Variante der isolierten Kleinfamilie   36
Historischer Abriss: Die Entstehung der Kleinfamilie   39
Elternsein und Freundschaften   42
Von der Isolierung der Kleinfamilie zur Isolierung der Frau   49

Die (Un)Vereinbarkeit von Beruf und Familie   58
Kinder funktionieren nicht im Arbeitstakt ...   59
... arbeiten muss man aber trotzdem   63
Ehegattensplitting   65
Kitaausbau und Betreuungsgeld   69
Elterngeld   75
»Familienfreundliche Unternehmen«   79
Wie belastbar will ich sein?   83

Sinn und Zweck des Staatsfeminismus   88
Die Lohndifferenz von Männern und Frauen   96

Schluss: Und nun?   100

Anmerkungen   107

Einleitung: Der Staat und ich

Wer sich – wie wir – seit dem Kindergartenalter über die Zwänge ärgert, die die Zuschreibungen von Weiblichkeit und Männlichkeit mit sich bringen, und speziell darüber, dass Frauen immer wieder als prädestiniert für die Sorge um Kleine, Alte und Männer gelten, staunt nicht schlecht, plötzlich Schützenhilfe von unerwarteter Seite zu bekommen: dem deutschen Staat.[1]

Da sprechen nicht nur Familienministerinnen von partnerschaftlicher Arbeitsteilung zu Hause, davon, dass Frauen finanziell unabhängig von ihren Gatten sein müssten und dass Familienfreundlichkeit auch in der Bundeswehr nötig sei; da entscheidet sich sogar die ganze Regierung für eine Frauenquote in Aufsichtsräten. Nicht dass uns je eine solche Stelle angeboten worden wäre, auch zum Militär zog uns nie etwas hin. Man kann sich aber nicht genug darüber wundern, dass auch Politiker, die doch ihren Posten nicht zuletzt ihrer sozialen Position als Mann verdanken und sicherlich auch ihrem Geschick, einen Haufen ambitionierter Frauen aus ihrer Laufbahn getreten zu haben, sich auf einmal um ein fortschrittliches Verhältnis der Geschlechter zueinander kümmern.[2]

Gewöhnt daran, die Politik der letzten Jahrzehnte als »neoliberal« zu begreifen, stutzen wir. Es stimmt zwar: Schaut man sich die Höhe der zu erwartenden gesetzlichen Rente an oder die Schnelligkeit, mit der Patienten aus den Krankenhäusern entlassen werden, so kann man durchaus zu dem Schluss kommen, dass ein Teil der Reproduktionskosten, die vorher staatlich finanziert wurden, nun auf Privatpersonen abgewälzt werden. Angesichts der Reformen im Bereich der Familienpolitik, die in den letzten zehn Jahren angeschoben wurden, ist es jedoch unsinnig, dem Staat vorzuwerfen, er schiebe die gesellschaftliche Verantwortung für Mütter, Väter und Kinder ins Private ab. Man kann dem Staat nicht einmal anlasten, durch die jüngsten Reformen eine reine Sparpolitik zu betreiben, die die Finanzierung von Erziehungs- und Pflegeaufgaben mehr als zuvor den Einzelnen aufbürde. Im Gegenteil: In den Ausbau der Kinderbetreuung und ins ElterngeldPlus wird viel Geld investiert.

Wenn weibliche Unabhängigkeit und Autonomie gelobt werden, ist es allerdings ratsam, genauer zu schauen, was denn damit gemeint ist. Bei so viel Zuwendung vonseiten des Staates, dem man noch nie zutraute, individuelles Glück oder auch nur Wohlbefinden im Fokus seiner Bemühungen zu haben, scheint ein bisschen Misstrauen nicht verkehrt. Wie soll es denn aussehen, mein reformiertes Leben als Frau oder Mann?

Das gezeichnete Bild für die Altersgruppe von 20 bis 50 Jahren ist ernüchternd. Ohne Kinder: Ich arbeite oder suche hoch qualifiziert und hoch motiviert nach Arbeit und möchte bald eine Familie gründen. Mit Kindern: eine Familie, zwei »vollzeitnahe« Stellen, zwei, vielleicht sogar drei gut geförderte Kinder. Oder alleinerziehend: zur Arbeit hetzen und zurück und sich irgendwie noch engagiert um die Kinder kümmern. Morgens Vorstandssitzung, abends ein Stündchen Quality Time mit den Kleinen.

Vielleicht haben wir doch nicht die gleichen Vorstellungen von Emanzipation, der Staat und ich. Rund um die Uhr oder aber flexibel und jederzeit abrufbereit zu arbeiten und die Kinder und vielleicht noch die alte, pflegebedürftige Mutter irgendwie dazwischenzuquetschen, war unseres Wissens noch nie erklärtes Ziel einer Frauenbewegung, und wir kennen auch heute eigentlich keine, die sich das wünscht. Vielleicht sollte man auf den Staat als solidarischen Genossen der Frauenemanzipation doch lieber nicht bauen.[3] Die Hoffnung, dass ausgerechnet mit dem Staat den Widrigkeiten einer kapitalistischen Gesellschaft zu trotzen sei, wirkt angesichts der realisierten Reformen albern.

Selbstverständlich: Ohne eigenes Einkommen ist es nach wie vor schwierig, sich von nicht mehr geliebten Partnern zu trennen oder erst gar nicht als Paar zusammenzuleben. Man kann nur jeder, die nicht großzügig geerbt oder im Lotto gewonnen hat, raten, eine Ausbildung und eine nicht allzu anstrengende, halbwegs ausreichend bezahlte Lohnarbeit anzustreben. Die Gefahr, dauerhaft als Hausfrau daheim zu versauern, ist nicht mehr so groß, auch wenn man mit seinem Partner zusammenbleibt. In den meisten Fällen reicht ein einziges Einkommen gar nicht mehr für eine Familie. Die meisten Frauen und Mütter arbeiten, sei es in öden und schlecht bezahlten Jobs, sei es in weniger scheußlichen. Hat man keinerlei Aussichten auf eine bezahlte Stelle, sorgt das Jobcenter für »Beschäftigung«.

Die Versprechen aber, die die vollständige Einbeziehung der Frauen in den Arbeitsmarkt begleiteten und die einen Teil der Frauenbewegung zur Forderung nach dieser Einbeziehung veranlassten – nämlich zum einen eine vom Gatten unabhängige materielle Absicherung von Frauen und ihren Kindern und zum anderen die Entbindung von der ausschließlichen Verantwortung für die Befriedigung der Bedürfnisse von Kindern, Eltern und Ehegatten –, wurden nicht eingelöst. Nach wie vor ist das Einkommen von Frauen geringer und unsicherer als das von Männern, nach wie vor sind hauptsächlich Frauen für Kinder und Pflegebedürftige verantwortlich.

Dabei geht die Selbstverständlichkeit, mit der von Frauen mittlerweile erwartet wird, sich nach der Geburt eines Kindes schnellstmöglich eine Lohnarbeit zu suchen, einher mit der verbreiteten Überzeugung, dass die ausschließliche Konzentration der Mutter auf ihr Kind von der Zeugung bis in die ersten Lebensjahre für dessen Wohlbefinden und zukünftigen gesellschaftlichen Erfolg unerlässlich sei; eine Haltung, die permanente Verfügbarkeit voraussetzt und der man sich schlecht entziehen kann, ohne vor anderen und vor sich selbst als Rabenmutter dazustehen. Wie soll man da noch arbeiten gehen? Nicht zu arbeiten geht aber auch nicht.

In den folgenden vier Kapiteln wollen wir also der Frage nachgehen, wie und warum es zu dieser widersprüchlichen Situation gekommen ist, in der Eltern, nach wie vor primär Mütter, eigentlich nur alles falsch machen können.

Zur Verwendung der Begriffe »Männer« und »Frauen«, »Mütter« und »Väter«

Wenn wir gelegentlich von »Vater-Mutter-Kind-Konstellation« sprechen, liegt das nicht daran, dass wir diese als einzig mögliche, biologisch unabdingbare oder sogar moralisch höherwertige Form der Elternschaft beurteilen.

Genauso wenig sind wir der Ansicht, dass die Identifizierung als »Mann« oder »Frau« geeignet wäre, sich selbst und andere halbwegs differenziert wahrzunehmen. Vielmehr meinen wir, dass damit die Möglichkeiten individuellen Handelns extrem eingeschränkt werden.

Unsere Quellen, unter anderem Gesetze, Stillbroschüren, Blogs und Statistiken, setzen die Begriffe »Männer« und »Frauen«, »Mütter« und »Väter« jedoch meistens voraus. Wenn wir diese Begriffe übernehmen, wollen wir damit nicht ihre Tauglichkeit unterstreichen, sondern weisen vielmehr darauf hin, dass, wer eine Geburtsurkunde ausstellen lässt oder Elterngeld beantragt, um eine Identität als Mann/Vater oder Frau/Mutter bislang nicht herumkommt.

Aus diesem Grund haben wir uns auch gegen die Schreibweise mit dem Unterstrich entschieden (sind also keine Autor_innen). Wir setzen uns mit dem Mainstream auseinander. Die Verwendung des Unterstrichs wäre unserer Einschätzung nach in diesem Kontext euphemistisch, da wir damit behaupteten, die Wahl zwischen vielen verschiedenen verlockenden Möglichkeiten geschlechtlicher Identität zu haben. Die sehen wir nicht.

Die Ideologie der guten Mutter:
Vom differenzfeministischen Antikapitalismus
zur Staatsdoktrin

Wenn eine Frau ihr Baby heute nicht stillt, gilt sie schon beinahe als Rabenmutter. Nicht nur setze sie ihr Kind unnötigerweise Infektionskrankheiten aus, sondern könne ihm auch gleich allergene Substanzen spritzen – es liefe auf dasselbe hinaus. Als fast noch wichtiger gilt die sich durch das Stillen aufbauende Mutter-Kind-Bindung. Am besten gelinge sie durch Stillen nach Bedarf und indem die Frau feinfühlig lerne, jedes Bedürfnis des Kindes zu verstehen. Nur so könne es eine sichere, auf sich selbst und andere vertrauende Persönlichkeit entwickeln, die später sozial, erfolgreich und neurosenfrei sei. Die Grundlage für diese so relevante Bindung werde schon im Kreißsaal gelegt, weshalb in den meisten Krankenhäusern heute Zeit für die »Bondingphase« eingeräumt wird. Die so wichtige emotionale Verbindung sei, auch wenn der Vater mit im Kreißsaal ist, in erster Linie eine zwischen Mutter und Kind. Denn ihr wird der Säugling auf den Bauch gelegt, die ersten Stillversuche werden noch vor der Nachgeburt eingeleitet. Raum für die Erholung nach dem Gebären bleibt wenig. Muttersein, so lernt frau sofort, ist ein Rund-um-die-Uhr-Job, bei dem der Vater höchstens unterstützend teilhaben kann, und so bleibt es mindestens das erste Jahr über.

Diese Entwicklung ist erstaunlich. In den 50er bis 70er Jahren, als Mütter selbstverständlich zu Hausfrauen wurden, sie also für mehrere Jahre, oftmals für ihr ganzes restliches Leben dazu abgestellt waren, für ihre Kinder zu sorgen, herrschten Sitten vor, die heute als unmenschlich gelten: Flasche geben nach Uhrzeit, das Baby schreien lassen, um es ja nicht zu verwöhnen. Kein dauerndes Herumtragen war angesagt, sondern der Nachwuchs wurde in einem ruhigen Raum in seinem Bettchen oder Kinderwagen abgestellt. An so etwas wie ein Familienbett wurde nicht mal im Traum gedacht. Nach der Geburt wurde der Säugling der Mutter sofort weggenommen, er konnte nur noch durch eine Glasscheibe bewundert werden.

Genau in der Zeit, als die von der Frauenbewegung thematisierte Berufstätigkeit der Frau und ihre dadurch zu erreichende ökonomische Unabhängigkeit vom Mann auch gesellschaftlich breiter diskutiert und akzeptiert wurde, änderten sich die Gebräuche der Kindererziehung. Sie wurden aufwändiger und intensiver, als sie es im Hausfrauenzeitalter je gewesen waren. Heute verbringen Eltern wesentlich mehr Zeit mit ihren Kindern als in den 70ern. Auch der deutsche Staat unterstützt diese Entwicklung mit einer »Stillkommission« und durch von der Bundeszentrale für gesundheitliche Aufklärung herausgegebene Schriften. Was sind die Gründe für diese so widersprüchliche Entwicklung, die Frauen einmal als Berufstätige begreift und ihnen durch die neue Mutterideologie doch wieder die Hauptlast der Kindererziehung aufhalst?

An dieser Entwicklung tragen bestimmte Strömungen der Frauenbewegung aus den 70er und 80er Jahren eine gewisse Mitschuld, auch wenn sie das Resultat sicherlich nicht beabsichtigt hatten. Mitte bis Ende der 70er wurden innerhalb der Frauenbewegung Themen populär, die bis dahin nur wenig Beachtung gefunden hatten: Schwangerschaft, Geburt und die erste Zeit mit einem Säugling. Diese als Differenzfeminismus bekannten Strömungen richteten sich sowohl gegen den Mainstream der Frauenbewegung, der ihrer Meinung nach Mütter ausgrenzte und Frauen nur als Berufstätige ernst nahm, als auch gegen den vorherrschenden Umgang mit Mutterschaft in der Gesellschaft. Allerdings ist es nicht so, dass die Frauenbewegung damals das Thema Kinder vollkommen außer Acht gelassen hätte. Schließlich war sie im Kontext der Studentenbewegung als Kinderladenbewegung entstanden, initiiert durch Helke Sanders berühmte Rede und ihren Tomatenwurf auf SDS-Genossen. Die unzureichende gesellschaftliche Betreuung von Kindern wurde angeprangert, und gerade die Mütter wurden als revolutionäres Subjekt betrachtet. Schließlich bekämen sie das Dilemma zwischen kapitalistischer Lohnarbeit und häuslicher Reproduktionsarbeit mit voller Breitseite zu spüren: Entweder seien sie, sobald sie Kinder bekämen, als Hausfrau vom Mann abhängig, oder es würde – wenn sie selbst Geld verdienen – niemand ihre eigenen Bedürfnisse nach Erholung, einem leckeren Abendessen und einer sauberen Wohnung auffangen.

Die Kinderladenbewegung ging jedoch mit der zunehmenden Dogmatisierung der Studentenbewegung unter. Der politische Bezug auf Mütter und Reproduktionsarbeit galt fortan als kleinbürgerlich.

Erst der Kampf um den § 218 – der damals Abtreibung nur in seltenen Ausnahmenfällen erlaubte – brachte wieder frauenspezifische Themen auf die Agenda, und diesmal mit durchschlagendem Erfolg. Jetzt stand das Recht der Frau, kein Kind zu bekommen, im Mittelpunkt der Aufmerksamkeit. Simone de Beauvoir, deren Buch *Das andere Geschlecht* zur Bibel der neuen deutschen Frauenbewegung wurde, hatte Kinder als Emanzipationsfalle gegeißelt und so die Stimmung innerhalb der Frauenbewegung mitgeprägt. Diese Frauenbewegung der 70er wurde von Studentinnen und Frauen aus dem akademischen Apparat, die selbst keine Kinder hatten, dominiert. Wenn Frauen Kinder hatten, wurde das – wie auch sonst in der linken Szene – als Privatproblem betrachtet. Niemand stellte sich die Frage, warum die Mütter in den Frauenzentren durch Abwesenheit glänzten, und auf Hausfrauen wurde mitleidig herabgeblickt. Man hatte sich von Friedrich Engels, Clara Zetkin und Simone de Beauvoir abgeguckt, dass die Emanzipation den Eintritt der Frauen in den Produktionsprozess bedeute – ohne der Doppelbelastung der Mütter groß Beachtung zu schenken oder den Verzicht auf Kinder zu problematisieren. Ab 1976 gab es verstärkt Kritik an der Ausgrenzung der Mütter aus der Bewegung. Als »Jugendbewegung« denunzierte die Schweizer Zeitung *Die Hexenpresse – Zeitschrift für feministische Agitation* die Frauenbewegung und gab ein erstes »Mütter-Manifest« heraus. Es sorgte für einiges Aufsehen, und das Vorwort wurde von der damals im feministischen Kontext tonangebenden Berliner Zeitschrift *Courage* nachgedruckt, die damit einen Denkprozess anstoßen wollte: Eine Frauenbewegung ohne Mütter sei zum Scheitern verurteilt. Zwar sei es das gute Recht jeder Frau, sich gegen eigenen Nachwuchs zu entscheiden und für Kinderlosigkeit als politisches Projekt einzutreten, aber von Müttern als »sozialer Existenz« könne man nicht ungestraft absehen, so der Wortlaut des Manifests.[4]

Auch wenn dies die letzte Ausgabe der *Hexenpresse* war, so schienen viele Frauen das Mütter-Manifest als Startschuss zu begreifen: Müttergruppen schossen wie Pilze aus dem Boden. Man traf sich schon während der Schwangerschaft und bereitete sich gemeinsam auf die Geburt und die erste Zeit mit dem Kind vor. In der *Courage* erschien ein Artikel über das Thema Haus- contra Klinikgeburt, der auf große Resonanz stieß und die Zeitschrift dazu veranlasste, eine Reihe von persön- lichen Berichten zum Thema Geburt zu veröffentlichen. Zur selben Zeit erschien auch der Klassiker von Barbara Sichtermann: *Leben mit einem Neugeborenen.*

Die Frauen wandten sich gegen die von ihnen als ent- fremdet empfundene, medikalisierte Geburt, wie sie in den Kliniken praktiziert wurde. Sie lasen gemeinsam die Bücher des französischen Gynäkologen Frédérick Leboyer, der als Vater der sanften Geburt gilt. Nach Le- boyer sollte dem Kind der Übergang vom Mutterbauch hin zur Welt draußen erleichtert werden: So solle zum Beispiel nicht sofort nach der Geburt die Nabelschnur durchtrennt werden, das Baby solle auf den Bauch der Mutter gelegt werden, um weiterhin ihre Herztöne zu hören, die ihm von seiner Zeit als Fötus vertraut waren, die Räume sollten warm und abgedunkelt sein und der Säugling erst einmal Zeit mit seinen Eltern verbringen, bevor er medizinischen Untersuchungen oder Waschun- gen ausgesetzt werde. Propagiert wurde die Hausgeburt mit Hebamme, die solche Praktiken eher zuließ als die damaligen Kliniken. Schmerzmittel gegen die Wehen wurden insgesamt, die PDA (Periduralanästhesie) im Besonderen, kritisch betrachtet, weil man davon ausging, dass sie die Geburt unnötig in die Länge zögen, da die Mitarbeit der Frau behindert werde. Als besonders nachteilig an der Geburt in Kliniken empfanden die Frauen neben dem nur selten vorhandenen Rooming-in für Mütter, Väter und die Neugeborenen, dass den Frauen das Stillen erschwert werde.

Schwangerschaft, Geburt und die Säuglingsphase sollten insgesamt nicht den Kriterien der medizinischen Effizienz und kapitalistischen Verwertbarkeit unterworfen werden, sondern den Wünschen der Mütter und Kinder nach Nähe und Zeit füreinander entsprechen. Sicher wurde auch die Gefahr gesehen, dass die nun propagierten Praktiken – wie das Stillen nach Bedarf – die Frauen verstärkt auf ihre gesellschaftliche Funktion als Mutter zurückwerfen würden, aber die Hoffnung überwog, dass diejenigen, die sich bewusst für Kinder entschieden hatten, anders als ihre eigenen Mütter und Großmütter, eine neue Form der Selbstverwirklichung erfahren und mit ihren Sprösslingen eine neue Form der Freiheit leben könnten. Die selbstbestimmte Mutterschaft sollte sowohl den Müttern als auch den Kindern schon hier und jetzt ein besseres Leben ermöglichen. Darüber hinaus sollten die Kleinen zu entspannten, fröhlichen, selbstbewussten und hilfsbereiten jungen Menschen und Erwachsenen werden, wie die Psychotherapeutin und Autorin Jean Liedloff es bei den Yequana-Indianern in Südamerika beobachtet hatte. Ihr Buch *Auf der Suche nach dem verlorenen Glück: Gegen die Zerstörung unserer Glücksfähigkeit in der frühen Kindheit* wurde ein weiterer Klassiker dieser neuen Strömung der Frauenbewegung.

Die so aufgefasste Form von Mütterlichkeit wollte jedoch mehr sein als reine Kuscheltherapie; sie verstand sich als handfester Teil des antikapitalistischen Kampfes, wie das Manifest *Stillen als Kampfmittel* beweist, das ebenfalls in der *Courage* abgedruckt wurde:

> »Die Fähigkeiten des weiblichen Körpers, die nicht zur Befriedigung der üblichen männlichen Sexualität dienen, werden in keiner Weise geschätzt. Wie Erziehungsarbeit allgemein wird Stillen als Teil davon kaum anerkannt, durch versteckte Praktiken verhindert. Der kapitalistische Arbeitsmarkt und Arbeit in einer patriarchalisch organisierten Welt braucht ›freie‹, von Kindern unabhängige Mütter und Kinder, die von Müttern ›frei‹ sind. Stillen macht Mütter abhängig, macht sie unter diesen Bedingungen abhängig. Oder kann eine Mutter vielleicht:
> – als Sekretärin Briefe schreiben, zwischendurch ihr spielendes Kind stillen,
> – mit ihrem Kind auf Versammlungen gehen und es zwischendurch an die Brust nehmen,
> – das Kind zur Uni mitnehmen und während einer Vorlesung stillen,
> – mit dem Kind ins Kino gehen?
> Es gäbe für Mütter zusammen mit ihren Kindern genug Möglichkeiten, eine Arbeit zu verrichten und

am öffentlichen Leben teilzunehmen. Für Mütter und Kinder wäre das Leben leichter, die Mütter würden weniger abhängig sein, wenn die Kinder in alle Lebensbereiche und von allen Beteiligten integriert wären.

Ein Kind nach seinen Bedürfnissen zu stillen bedeutet für die Mutter hier eine Anzahl von Verzichten; das öffentliche und ›normale‹ Leben ist auf stillende Mütter und ihre Babys nicht eingestellt. Stillen findet zu Hause statt, im Schlafzimmer.«[5]

Es ging den Frauen also um die Aufhebung der Trennung von Reproduktion und Produktion. Das langfristige Ziel war, die Verhältnisse so zu ändern, dass die Kinder gut ins Leben passen. Sie sollten nicht in einen eigenen Bereich weggesperrt werden, sei es in das Haus, den Kindergarten oder die Schule, und auch ihre Bezugspersonen, in der Regel die Mütter, sollten nicht gleichzeitig als Hausfrauen mit kaserniert werden.

Die »neue Mütterlichkeit« traf innerhalb der Frauenbewegung auf harsche Kritik: Aus so unterschiedlichen Ecken wie der *Emma* oder der *Roten Zora*[6] wurde sie abgelehnt und als Variante des reaktionären, vor allem in Deutschland verbreiteten Mütterlichkeitskults denunziert.

Die Professorin und SPD-Politikerin Christiane Dienel geht, Jahrzehnte später, in ihrer Kritik noch weiter: Sie gibt der Bewegung der neuen Mütterlichkeit eine Mitschuld an dem bis heute in Deutschland vorherrschenden traditionalistischen Rollenbild der Frau, die sich für ihre Kinder aufopfert.

»In Deutschland fördern der Bismarck'sche Wohl-
fahrtsstaat, die Adenauer'sche und Kohl'sche Familienpolitik Seite an Seite mit der 68-geprägten
Ideologie der Natürlichkeit von Barbara Sichtermann und Jean Liedloff eine traditionelle Rollen-
aufteilung der Geschlechter, und die Neugeborenen reflektieren diese Erwartungen ihrer Eltern
in ihrem Verhalten. In Frankreich vermochte die
republikanische Schulpolitik Müttern zeitliche
Freiräume zu erschließen, während sie als Frau-
en gleichzeitig eine andere bürgerliche Norm der
Weiblichkeit ausleben, die nicht das Leitthema
Opfer, sondern eher das Leitthema Selbstverwirklichung reflektiert.«[7]

Es ist wirklich erstaunlich, wie sich die Anforderungen
an das Muttersein seit den 70er Jahren verändert und
sogar verschärft haben, obwohl das Hausfrauendasein
unmodern geworden ist und der Einfluss von Adenauer
und Kohl als rückläufig angesehen werden kann. Dieser
Einfluss kommt höchstens noch in den Beschwichtigungs-
angeboten an die CSU – wie etwa dem Betreuungsgeld
– zum Tragen, die ihre konservative Wählerschaft nicht
vergraulen will. Es war schließlich die CDU, die das Elterngeld und den Rechtsanspruch auf einem Kindergartenplatz ab dem zweiten Lebensjahr durchgesetzt hat. Heute
müssen sich Frauen spätestens dann rechtfertigen, wenn
sie länger als drei Jahre bei dem Kind zu Hause bleiben
wollen, und sehen sich mit der Frage konfrontiert, was
sie denn den ganzen Tag zu Hause so machen. Mit den
neuen Gesetzgebungen, vor allem dem ElterngeldPlus,

wird sich dieser Zeitraum, in dem das Zu-Hause-Bleiben akzeptiert wird, mit aller Wahrscheinlichkeit noch einmal verkürzen.

Und trotzdem oder vielleicht auch gerade deshalb hat sich die Ideologie der guten Mutter, die alles für ihr Kind tut, noch einmal ausgeweitet. Die Ermahnungen zur Aufopferung fangen heute schon in der Schwangerschaft an: Die meisten Lebensmittel, die man heute wegen der Salmonellen und ähnlicher Gefahren in der Schwangerschaft nicht essen darf, kannten die Mütter in den 70er Jahren nicht einmal, das Rauchen und Trinken soll man komplett aufgeben, verrauchte Räume soll man meiden, Koffein immerhin nur reduzieren, nicht viel Süßes essen, damit das Kind nicht zu pummelig wird, dafür regelmäßig Sport treiben, aber nur solchen, bei dem keine Sturzgefahr besteht. Und wenn das Kleine erst einmal auf der Welt ist, werden die Vorschriften noch massiver: Muttermilch ist quasi existenziell notwendig; wenn das Stillen nicht funktioniert, dann muss sie wenigstens abgepumpt werden. Voll gestillt werden soll nach WHO-Empfehlung bis zum sechsten Monat, danach soll zwar beigefüttert werden, aber es wird angeraten, dem Baby noch weiterhin zusätzlich bis zum zweiten Geburtstag zwei bis drei Stillmahlzeiten anzubieten. Am besten entscheide das Baby – das dann schon zum Kleinkind herangewachsen ist – selbst, wann es die Brust nicht mehr will. Auch der deutsche Staat kümmert sich um die Stillfreude seiner Untergebenen. Die »Nationale Stillkommission«, die beim Bundesinstitut für Risikobewertung angesiedelt ist, hat sich das Ziel gesetzt, das Stillen zur normalen Ernährung für Säuglinge zu machen. Auch die Broschüren der Bundeszentrale für gesundheitliche Aufklärung fordern Stillen nach Bedarf und am Anfang bis zu zwölf Mal am Tag. Auch geben sie Tipps, wie sich die wichtige Bindung zwischen Mutter und Kind herstellen kann. Heute gilt es fast als Gemeinplatz, dass man Säuglinge gar nicht verwöhnen *kann* und eine gute Mutter sich so einfühlsam gegenüber ihrem Kind verhält, dass sie genau weiß, ob es Anregung braucht oder müde ist, Hunger hat oder einfach nur zur Beruhigung nuckeln will. Selbstverständlich ist auch, dass das Baby im Elternschlafzimmer schläft. Wenn das Kind dann krabbelt, soll es so wenig wie möglich eingeschränkt werden und alles in der kindersicheren Wohnung entdecken dürfen. Allerdings sind auch schon bei kleinen Babys feste Rituale und Tagesabläufe wichtig, damit sie nicht zu unruhig werden. Eigentlich kann nämlich jedes Kind schlafen, und man ist selbst schuld, wenn das nicht klappt. Sicher darf man auch mit dem Baby Freunde besuchen, auch abends, nur geraucht werden darf dort nicht: Überall lauert der »plötzliche Kindstod«. Das Kind braucht also unglaublich viel Zuwendung und Zeit. Zwar wird auch immer wieder darauf hingewiesen, dass es wichtig sei, sich auch weiterhin um sich selbst und seine eigenen Interessen zu kümmern – aber das kann bei dem beschriebenen Programm nur als weitere Anforderung gelten, die auch noch erledigt werden muss.[8]

Viele dieser Richtlinien – von denen manche mehr, andere weniger strikt gesehen werden – erinnern tatsächlich an die Vorstellungen der Feministinnen aus den 70er Jahren, die damals eine wirklich fundamentale Veränderung einläuteten.

Bis in die 70er Jahre hinein hielten sich nämlich Erziehungsvorstellungen, die aus der Zeit des Nationalsozialismus stammten. Psychologische Ansätze der Säuglingserziehung, wie sie durch die Psychoanalyse populär geworden waren, wurden ab 1933 in Deutschland zurückgedrängt. Das 1934 verfasste Buch *Die deutsche Mutter und ihr erstes Kind* der Ärztin Johanna Haarer, das sich an den Erziehungsvorstellungen aus Hitlers *Mein Kampf* orientierte, erreichte nicht nur in der Zeit des Nationalsozialismus höchste Auflagen, sondern stand – gesäubert von der offensichtlichsten NS-Begrifflichkeit und -Ideologie – noch nach 1945 in zahllosen bundesdeutschen Bücherschränken (in der DDR war es verboten): Die letzte Auflage erschien 1996. Ziel war es, die Kinder nicht zu verzärteln, sondern sie schon früh zu Disziplin anzuhalten: Gefordert wurden Regelmäßigkeit und Strenge. Das Kind sollte möglichst abgesondert werden und die Mutter geschont.

> »Versagt auch der Schnuller, dann, liebe Mutter, werde hart! […] Das Kind begreift unglaublich rasch, dass es nur zu schreien braucht, um eine mitleidige Seele herbeizurufen. Nach kurzer Zeit gibt es keine Ruhe mehr, bis es wieder getragen, gewiegt oder gefahren wird – und der kleine, aber unerbittliche Haustyrann ist fertig.«[9]

Zusätzlich zu diesen schon früh auf Disziplinierung setzenden Erziehungsanweisungen war in der Nachkriegszeit auch das Stillen gegenüber der Flaschenernährung deutlich abgewertet worden.

Die Gegenbewegung zu diesen Praktiken verstand sich jedoch nicht als antifaschistisch, sondern als antikapitalistisch. Es wurde der Verdacht geäußert, dass die Kinder durch diese Art der Behandlung besser in das disziplinierende Regime des Kapitalismus eingepasst werden sollten. Nicht beachtet wurde, dass der Kapitalismus viele Forderungen integrieren kann – und in Fragen der Kindererziehung längst integriert hat.[10]

Wenn eine wichtige Initialzündung für einen neuen Umgang mit Geburt und Kindererziehung also aus der Frauenbewegung kam, so ist es wiederum falsch zu behaupten, dass ihre Ideen eins zu eins umgesetzt worden wären. Vielmehr wurden einzelne Aspekte herausgenommen und verabsolutiert, andere wiederum bekamen durch ihre Verallgemeinerung unter kapitalistischen Bedingungen eine einseitige Form. Die Frauenbewegung wollte schließlich keine strengen Vorschriften und Regeln aufstellen, sondern das Handlungsfeld für Frauen erweitern. Frauen sollten auf ihre eigenen Bedürfnisse achten und schauen, was in ihre eigene Lebensrealität passt. Neue Dogmen sollten gerade vermieden werden.

So war von den Feministinnen aus den 70ern zum Beispiel niemals der heutzutage vorherrschende autoritäre Ton zu hören, der allen Schwangeren und Stillenden das Rauchen und Trinken komplett verbieten möchte. Heute wirken Barbara Sichtermanns Ansichten wie aus der Zeit gefallen:

>»Ich will keiner Frau dazu raten, zu saufen, während sie ihr Kind stillt, ich will aber allen, die es hören wollen, im Vertrauen sagen, dass ich einige

gut entwickelte Kinder von Müttern kenne, die während der Stillzeit (und Schwangerschaft) gern mal ins Gläschen geschaut haben, mein eigenes Kind eingeschlossen. Es blieb, was mich betrifft, allerdings bei zwei, drei Gläsern Wein am Abend – es gab auch Zeiten ohne Wein, dann wieder solche, wo es etwas mehr wurde. Wichtig ist, dass Sie nicht glauben, Sie müssten sich ›um des Kindes willen‹ disziplinieren – dann geht nämlich die Opferei los, die auf die Beziehung von Frau und Kind so zerstörerisch wirkt. Trinken Sie, wenn Sie wollen, und lassen Sie es, wenn Sie nicht mögen, aber lassen Sie das Kind aus dem Spiel. Gehen Sie undogmatisch um mit dem Alkohol; wenn Sie sich durch ständiges Verzichten zwingen, werden Sie nur nervös, und das ist für Sie und das Kind schlimmer als ein Kater.

Für das Zigarettenproblem gilt Entsprechendes. Auch hier warnen und eifern die Autoritäten, ohne die Kostenseite zu bedenken, die Härte, die es für manche Frauen bedeutet, wenn sie sich ihr liebes Laster ganz versagen müssen. Sicher ist, dass mäßiger Nikotingenuss (bis zu 5 Zigaretten am Tag) keine negativen Auswirkungen auf das Kind hat. Und jenseits dieser Grenze? Auch hier geht es darum, dass die mit dem Verkneifen notwendige Konzentration auf das Rauchen (bzw. Nichtrauchen) und das schlechte Gewissen bei Verstößen in Form von psychischem Druck viel ungünstiger auf die Gesamtsituation von Frau und Baby wirken können als ein paar Zigaretten mehr.«[11]

Auch das Stillen wurde nicht so zum Dogma erhoben, wie es heute der Fall ist. So schrieb eine Autorin in der *Courage* mit großer Vehemenz, dass sie niemals stillen würde, wenn es ihr aus medizinischen, praktischen oder ideologischen Gründen aufgezwungen werde. Sie betont, dass sie sich frei dazu entschieden habe und auf diese Weise ihren Körper viel selbstbewusster wahrnehmen könne. Selbst wenn sie pornografische Bilder von Frauenkörpern sehe, denke sie nun daran, dass diese auch eine produktive Funktion hätten. Viel gelassener könne sie jetzt damit umgehen, dass Frauenkörper oft als Objekt für die Lust von Männern herhalten müssten.[12]

Auch Barbara Sichtermann hält den medizinischen Nutzen für deutlich weniger wichtig als die sinnliche Erfahrung, die mit dem Stillen einhergeht. Die Lust, die das Stillen sowohl Mutter als auch Kind bereite, wenn sie sich in Ruhe darauf einlassen könnten, würde unter anderem das Glück mit einem Baby ausmachen. Männer würden genau deshalb mit Eifersucht darauf reagieren.

Gerade die sexuelle Dimension des Stillens wird in den heutigen Ratgebern in der Regel außen vor gelassen. Schon Freud schrieb, dass die Brust für das Kind das erste sexuelle Objekt sei. Mutter oder Amme würden erschrecken, wenn sie wüssten, dass sie ihr Kind in die Sexualität einführten, was aber der natürliche Gang der Dinge sei und einer gewissen Notwendigkeit nicht entbehre.[13] Heute wird Barbara Sichtermann von feministischer Seite vorgeworfen, dass sie ein »Zurück zur Natur« propagiere. Das ist so nicht richtig. Vielmehr weist sie darauf hin, dass heute die Lust und die Freude am Stillen im Vordergrund stehen könnten, da das Stillen dank künstlicher Babynahrung keinem Naturzwang mehr unterliege. Wenn in Ratgebern zum Stillen neben den gesundheitlichen Aspekten heute vor allem die Bindung zwischen Mutter und Kind beschworen wird, so ist diese von jeglichem sexuellen Moment gereinigt. Dazu beigetragen hat die Popularität der Bindungstheorie von John Bowlby, die sich in der Säuglingsforschung durchgesetzt hat und auf die sich heute viele Ratgeber beziehen. Bowlby, selbst Psychoanalytiker, wollte einen eigenständigen Bindungstrieb festgestellt haben, der den Sexual- und den Ich-Trieben aus der Freud'schen Theorie beiseitegestellt werden sollte. Damit ist jedoch die kindliche Sexualität, die Freud entdeckt hatte, wieder einkassiert worden, denn bei Freud entspringt die Liebe und die Anhänglichkeit des Kindes – also sein Bindungsverhalten – sowohl dem Genährtwerden als auch der Lusterfahrung, die beim Stillen in eins fallen.

Übrig geblieben ist davon bei Bowlby nur die Forderung nach einer Mutter, die in der ersten Zeit hauptsächlich für das Baby als sensible Person da ist, die sich vollkommen aufs Baby einlässt. Bowlby spricht von einem »Einschwingen« der Beziehung, in der jedoch der Säugling »den Ton angibt« und die Mutter darauf eingeht. Allerdings hatte es sich auch Bowlby nicht so vorgestellt, dass die Mutter in der ersten Zeit allein zu Hause ist, denn um diese beschriebene Aufgabe erfüllen zu können, bräuchte sie viel Unterstützung. Die besten Ergebnisse würden dann erzielt, wenn die Frauen während der Wehen und im Wochenbett andere Frauen um sich hätten, die sie betreuen. Das Umfeld solle den Haushalt übernehmen, damit sich die Mutter ganz auf das Baby einstellen könne. Der Vater könne eine ähnliche Rolle einnehmen wie die Mutter, wenn er gleich viel Energie und Zeit auf die Beziehung zum Baby verwende.[14]

Auch den Differenzfeministinnen lag nichts ferner, als die Mütter als Hausfrauen allein mit dem Säugling zu Hause einzusperren. Barbara Sichtermanns Idealvorstellung vom Wochenbett besteht zum Beispiel darin, dass sich die Frau von den Strapazen der Geburt erst einmal erholt und sich ausruht. Andere Erwachsene, mit denen sie am besten zusammenwohne – zur Not auch nur der Vater –, sollten das Baby in der ersten Zeit versorgen und es der Mutter nur zum Stillen ans Bett bringen. Auch nach dem Wochenbett hält Sichtermann es geradezu für schädlich, wenn die Mutter mit dem Kind alleine wohne, und auch die Kleinfamilienkonstellation hält sie nicht für geeignet. Idealerweise sollten sich mehrere Menschen ums Baby kümmern. Sie vergleicht das Baby mit einem Gast, dem man mit Respekt und Liebe begegnen und dessen Eigenständigkeit man anerkennen soll. Gäste würden jedoch meist nach ein paar drei Tagen gehen; der Säugling nicht. So brauche man noch andere Erwachsene, die der Mutter die notwendigen Auszeiten verschaffen. Sonst bestehe die Gefahr, dass die Mutter vom Kind überfordert und genervt sei und dies dem Baby zurückspiegele, welches dann darunter leide. Zudem solle das Baby so weit wie möglich in den Alltag integriert werden.[15]

Auch in den Ausführungen Jean Liedloffs über die Yequana-Indianer kommen keine Hausmütterchen vor. Dass die Neugeborenen dort das erste halbe Jahr, bis sie krabbeln können, viel Körperkontakt bekämen und die ganze Zeit getragen würden, bedeute nicht, dass dies hauptsächlich die Mütter leisteten, vielmehr übernähmen nach ein paar Monaten die älteren Kinder im Dorf diese Aufgabe, denen es sichtlich Freude bereite, die kleineren Kinder zu betüddeln. Nur zum Stillen brächten sie die Babys zur Mutter. Wichtig ist Liedloff, dass die Kleinkinder alle Abläufe im Dorf mitbeobachten und so schon viel von der Welt erfahren könnten. Babys fänden es komisch, die ganze Zeit im Mittelpunkt zu stehen; damit seien sie überfordert. Kinder bräuchten Führung und Autorität, damit sie genug Halt bekämen, sonst würden sie genau wegen fehlender Führung rebellieren. Bei den Yequana-Indianern bekämen die Kinder auch keine gesonderte Aufmerksamkeit, wenn sie anfingen zu krabbeln, denn ab da seien sie mit der Kinderkohorte unterwegs. Der Nachwuchs werde sehr früh selbstständig, und Unfälle passierten so gut wie nie.[16]

Dies alles hat aber tatsächlich wenig damit zu tun, wie heute das *Continuum Concept* von Liedloff gelebt wird. In dem Internet-Forum von Eltern, die ihr Kind nach Liedloff erziehen wollen, beklagen sich die Mütter über die damit verbundenen Probleme der Kleinkinderziehung: Das Baby bestimme den ganzen Tag. Man komme zu nichts anderem mehr, wenn man den Säugling ständig herumtrage. Mit einem Baby auf dem Arm bereite es große Schwierigkeiten, den Haushalt zu bestreiten. Und die älteren Geschwister würden vernachlässigt.

Als eine Mutter im Forum den Einwand äußerte, das Konzept könne nicht eins zu eins in die heutige Zeit übertragen werden, da die Mütter heute den ganzen Tag allein seien, wurde sie sofort von einer Super-Mami mit sechs Kindern ausgekontert: Bei ihr sei es auch gegangen, obwohl auch sie alleine gewesen sei.

Die Idee, dass die Sprösslinge ihre Umgebung in Freiheit erkunden sollen, wird hingegen mit deutlich weniger Konsequenz durchgehalten. Zwar wird für Kinder im Krabbelalter die Wohnung kindersicher gemacht, um ihre Bewegungsfreiheit nicht zu sehr einzuschränken. Jenseits der eigenen vier Wände und in Bezug auf ältere Kinder aber ist im Liedloff-Forum die Angst vor Pädophilen derart ausgeprägt, dass die Kinder zumindest von Weitem ständig überwacht werden. So teilt »Stefanie« die Ängste von »Cindy«, weiß aber praktischen Rat:

> »Hallo Cindy,
> leider tauchen die Pädophilen in den Medien nicht so zahlreich auf, wie es sie in Wirklichkeit sind. Ich hatte seit 19 Jahren kein TV, und 2008–2009 berichtete die Tageszeitung unserer mittelgroßen Stadt ca. einmal in der Woche über einen neuen Fall in der Nähe. Einmal in der Woche! Was mich aber in dieser Zeit bei meinen Nachbarn auf Kabelsendern, von denen ich nicht mal die Namen kenne, und trotz der Tatsache, dass ich bei meinen Nachbarn nie länger als eine halbe Stunde saß (bei denen der Fernseher immer an ist), völlig schockierte, waren die unzähligen anderen Vorkommnisse, die nicht in der Zeitung erschienen, weil das jeweilige Kind nicht tot und auch nicht verschwunden war. […] Damals habe ich begriffen, dass die Presse viele dieser Geschehnisse nicht bringt, um keine

Massenauswanderung von Familien mit Kindern
zu riskieren. [...] Stefanie«[17]

»Hallo Cindy,
[...] [d]raußen haben wir das ähnlich gehandhabt.
Am Wasser haben wir es festgehalten. Einmal ist
es trotzdem reingefallen ... und war ganz nass. Ir-
gendetwas Schreckliches ist nie passiert. Wenn sie
größer waren, haben wir sie von Weitem verfolgt,
allerdings aus dem Grund, Zusammenstöße mit
den Pädophilen zu vermeiden ... Wir haben versucht, jedes Gefühl der Kontrolle zu vermeiden,
wollten nur vermitteln, dass wir – da – sind. [...]
Stefanie« [18]

»Stefanies« Skepsis gegenüber der übermäßigen Kontrolle der Kinder ist für heutige Verhältnisse schon fast
außergewöhnlich. Heute werden Kinder von den Eltern
oftmals bis weit ins Grundschulalter in die Schule gebracht und gehen zumindest in der Stadt nachmittags
nicht allein raus. Sieht man doch mal Kindergruppen
ohne Erwachsenenbegleitung, dann handelt es sich in
der Regel um Kinder mit Migrationshintergrund. Dass
Kinder, die nichts selbstständig ausprobieren können,
weniger Selbstbewusstsein entwickeln, um sich zum
Beispiel gegen Pädophile wehren zu können, wird nicht
gesehen, auch im Liedloff-Forum kam niemand auf diese Idee. Nach dem Liedloff'schen Konzept hätten Frau-
en mehr Freiheit, da sie den Nachwuchs auch mal sich
selbst überlassen. Aber die heutigen Erziehungsvorstellungen tendieren zum Gegenteil: Die ständige Überwa-

chung der Kinder erfordert die pausenlose Präsenz und Aufmerksamkeit der Mütter.

So wurden die Ansätze aus den 70er Jahren entweder ins Dogmatische gewendet, haben sich in ihr Gegenteil verkehrt oder sind, weil die Idee der kollektiven Kindererziehung aufgegeben wurde, zu Lasten der Frauen gegangen. Aus einst angestrebter Freiheit wurde also oft neuer Zwang. Kein Wunder, dass die Bücher der französischen Philosophin Élisabeth Badinter, die gegen den »Stillzwang« anschreibt, heute als Befreiung erscheinen, während Barbara Sichtermanns Pro-Still-Buch heute in vielen Punkten als Mainstream durchgeht. Es wirkt schon beinahe anachronistisch, wenn sich Sichtermann in der überarbeiteten Version von 2010 noch immer vehement für stillfreundliche Krankenhäuser, für das Rooming-in und das Bonding einsetzt, denn das ist heute in den meisten Krankenhäusern Standard. Badinter hingegen, die vor allem das Konzept des Bonding für eine üble Masche hält, um Frauen auf den Mutterinstinkt festzunageln, damit sie freiwillig und mit Freude alle anfallenden Arbeiten der Kinderbetreuung alleine erledigen, anstatt ihre Kinder von anderen Menschen betreuen zu lassen, wirkt heute wie eine einsame Kämpferin für die Freiheit der Mütter.

Das Problem mit all den gut gemeinten Konzepten aus den 70er Jahren ist tatsächlich, dass sich viele der Forderungen auch ohne weitgehende gesellschaftliche Veränderungen durchsetzen ließen, indem einfach den Frauen die damit verbundene Mehrarbeit aufgehalst wurde, auch wenn sie zusätzlich oder eben spätestens nach einem Jahr wieder arbeiten gehen müssen. Die neue

Mutterideologie hat dazu geführt, dass Frauen oftmals selbstständig und ohne große Gegenwehr weiterhin in der Hauptsache die Kleinkindbetreuung übernehmen, auch wenn dies der weitverbreiteten Vorstellung von der Gleichheit der Geschlechter und der Emanzipation der Frauen widerspricht. Niemand möchte willentlich seinem Kind gesundheitlichen oder psychischen Schaden zufügen, und so findet man sich mit der vorgegebenen Rolle ab. Da es heute wissenschaftlicher Standard der Pädagogik, der Gesundheitswissenschaft und der Psychologie ist, dass wesentliche Aspekte der Beziehungsarbeit zwischen Eltern und Kind im ersten Jahr stattfinden, kann die dafür als notwendig erachtete Erziehungsarbeit deutlich effizienter gestaltet werden als vor 30 Jahren, als die Auffassung vorherrschte, fürs Kindeswohl sei es das Beste, wenn die Mutter die gesamte Kindheit und Jugend für ihre Sprösslinge zu Hause zur Verfügung stehe. Heute reicht es also, wenn die Eltern höchstens ein Jahr mit der Arbeit aussetzen, um den Nachwuchs auch qualitativ in die Spur zu bringen, jedenfalls wenn sie in dieser Zeit alles richtig machen. Danach können die Eltern ohne viel Federlesens wieder in den Arbeitsprozess eingegliedert werden, denn nun reichen wenige Stunden für die Kleinen. Wichtig ist nur, wie die Zeit genutzt wird: bewusst und mit vielen Anregungen. So hat sich nicht nur die Lohnarbeit, sondern auch die Haus- und Erziehungsarbeit in den letzten Jahren deutlich intensiviert.

Auch wenn der Staat mit dem Elterngeld explizit beide Eltern anspricht, ist es kein Wunder, dass es hauptsächlich von den Frauen genutzt wird. Jenseits des oftmals

höheren Einkommens des Vaters, das häufig als Grund
für diesen Umstand genannt wird, ist auch die aktuelle
Mutterideologie, die immer noch die Mütter zur ersten
Bezugsperson macht, Ursache dafür, dass die Frauen wie
selbstverständlich die Verantwortung für den Nachwuchs
übernehmen. Ist damit dann erst einmal der Anfang im
geschlechtsspezifischen Umgang mit den Kindern gemacht, so wird es auch später immer schwerer, die Männer mit ins Boot zu holen. Die Frauen bleiben hauptverantwortlich, die Männer haben hier nur eine Nebenrolle.
In beruflichen Dingen verhält es sich dementsprechend
genau andersherum.

Gleichheitsfeministinnen in der Tradition von Simone de Beauvoir und Élisabeth Badinter haben genau
dafür ein Gespür und verurteilen deshalb die Mutterideologie scharf: Sie sehen darin das Einfallstor für die
fortbestehende Ungleichheit in der bürgerlichen Gesellschaft. Wenn Männer nicht in genau der gleichen Weise für Kinder und Haushalt zuständig seien, würden es
die Frauen nicht schaffen, beruflich mit ihnen Schritt
zu halten. Wie gegen Windmühlen kämpften sie gegen
immer neue Rückschläge. Eigentlich, so diese Kritikerinnen weiter, wäre die Gleichheit von Männern und
Frauen schon verwirklicht, stünden dem nicht solche
Ideologien entgegen.

Allerdings säßen dann nicht nur ebenso viele Frauen
in den Aufsichtsräten und wären beim Militär gleichbe-
rechtigt, wahrscheinlich hätten sie auch in der Obdachlo-
senstatistik aufgeholt. Denn in diesem Bereich sind Frau-
en auch immer noch unterrepräsentiert. Ökonomische
oder systemische Gründe dafür, dass die Emanzipation

keine vollständige ist, wollen die Gleichheitsfeministinnen jedoch keine sehen.

Da gingen die Differenzfeministinnen in den 70ern deutlich weiter, indem sie nicht die Anpassung an die bestehende bürgerlich-kapitalistische Welt forderten, sondern deren vollständige Umwälzung. In der heutigen Kritik an den Differenzfeministinnen wird dieser Punkt jedoch vollständig übersehen und nur eine verkürzte Variante ihrer Anliegen wahrgenommen. Kein Wunder, dass Badinter ihre Kritik hauptsächlich auf die *Leche League*, eine eher konservative US-amerikanische Bewegung zur Verbreitung des Stillens, bezieht. Die Möglichkeit, dass die Welt sich tatsächlich so weit verändern ließe, dass Elternschaft keine Last mehr sein müsste, auch wenn sie für den Säugling alle positiven Aspekte wie das Stillen und enge körperliche Bindungen an Erwachsene beinhalten würde, ist für sie undenkbar. Denn so eine Welt kann nur durch grundlegende gesellschaftliche Veränderungen entstehen.

Die aktuelle Variante der isolierten Kleinfamilie

Das afrikanische Sprichwort »Es braucht ein ganzes Dorf, um ein Kind zu erziehen« wird in letzter Zeit inflationär benutzt. Es taucht in staatlichen Broschüren und universitären Vorträgen auf: Offenbar wird die Überforderung von Eltern mit Säuglingen und Kleinkindern nun vermehrt wahrgenommen. Die Familie gilt nicht mehr von Natur aus als Ort der Geborgenheit, sondern müsse als solcher erst mühsam mit staatlicher Hilfe hergestellt werden. Der Fokus liegt verstärkt auf Gefahren, die den Kindern innerhalb der Familie drohen: »Kindeswohlgefährdungen« wie Vernachlässigung, sexueller Missbrauch, Gewalt sind in den Blickpunkt der Öffentlichkeit geraten. Lange hielt man Kindesmisshandlung für ein zu vernachlässigendes Thema, sodass man sich nicht weiter um die UN-Konvention von 1989 scherte, nach der Kinder ein Recht auf eine gewaltfreie Erziehung haben. Erst im Jahr 2000 erhielt eine solche Selbstverständlichkeit Einlass in die deutsche Gesetzgebung.

Wirklich in Alarmbereitschaft geriet der Gesetzgeber 2006, als mehrere Todesfälle von Kindern aus Familien, die unter der Aufsicht des Jugendamtes standen, durch die Medien gingen:[19] Der Kinderschutz ist seither zum größten Thema der Kinder- und Jugendhilfe geworden. Hatten früher hauptsächlich Feministinnen darauf hingewiesen, dass es sich bei Gewalt gegen Kinder und Frauen in der Mehrzahl um ein innerfamiliäres Problem handelt, ist mittlerweile auch der Staat zu dieser Einsicht gelangt und sieht dringenden Handlungsbedarf. Nicht ganz zu

Unrecht, denn in der Bundesrepublik Deutschland sind körperliche Strafen für Kinder immer noch gang und gäbe. Laut Deutschem Kinderschutzbund kommt nur ein Drittel der Eltern ganz ohne Schläge aus.[20]

Am 1. Januar 2012 trat nun das neue Kinderschutzgesetz in Kraft. Unter der Überschrift »Frühe Hilfe« sollen neue Konzepte erstellt werden, um rechtzeitig eine mögliche Gefährdung zu erkennen. Nun gibt es beispielsweise Familienhebammen, die bei Bedarf das ganze erste Jahr nach der Geburt eines Kindes in die Familie kommen und, wenn nötig, weitere Hilfen vermitteln. Neben Unterstützung im Alltag soll vor allem die »Erziehungskompetenz« der Eltern gestärkt werden. Damit möglichst viele Eltern und Kinder erreicht werden, sollen die verschiedenen professionellen Instanzen von der Schwangerschaftsberatungsstelle bis zu den Kinderärzten eng miteinander kooperieren. Der Staat lässt sich die Implementierung dieser Maßnahmen einiges kosten: Zwischen 2012 und 2015 sind 177 Millionen Euro für den Auf- und Ausbau des Netzwerks »Frühe Hilfen« in den Haushalt eingestellt.[21]

Sicherlich können die »Frühen Hilfen« verunsicherten Eltern Halt und Sicherheit geben, die vor ihrem ersten eigenen Kind heutzutage kaum Erfahrungen im Umgang mit Säuglingen sammeln können. Das Vertrauen auf das Expertenwissen kann aber auch den gegenteiligen Effekt haben, denn die Leute vom Fach widersprechen einander des Öfteren, und alle paar Jahre ändern sich die Leitlinien: Die Verunsicherung der Eltern kann den Druck, möglichst alles richtig zu machen, noch erhöhen. Der direkte Zugang zum Baby und zu dessen unmittelbaren Äußerungen gilt zwar als wünschenswert, wird aber faktisch torpediert, denn es geht weniger um das Wohlbefinden des Kindes als darum, dessen Entwicklung zu fördern.[22] Die Mutter und – in einem vielleicht geringeren Maße – der Vater befragen sich nun ständig selbst. Vor dem Hintergrund der vielen Fragen, die »richtig« oder »falsch« beantwortet werden können, und angesichts der tausend Möglichkeiten, das Kind vielleicht doch noch ein bisschen besser zu fördern, entsteht im Einzelnen eine Instanz, die sich durch ein permanentes Schuldgefühl speist und zu ständigem Aktivismus führt. Die eigentliche Intention des Staates, gut verwertbare Arbeitskräfte heranzuziehen, wird auf diese Weise in die Eltern implementiert, die entgegen den proklamierten Zielen jetzt noch überforderter sind.

Erstaunlicherweise ist die Diskussion um Gewalt in der Familie kaum von moralischer Empörung geprägt (es sei denn, es geht um sexuellen Missbrauch oder Todesfälle), vielmehr geht es häufig um Isolation und fehlende familiäre Unterstützung: Die Verwandtschaft wohne weit weg, die Kleinfamilie gerate durch die Geburt in eine Krise, die Frau scheitere oftmals bei dem Versuch, Beruf und Familie zu vereinbaren. Burn-out gilt nicht mehr nur als Manager-Krankheit, sondern ist vor allem bei Müttern verbreitet. Doch obwohl »die Familie« nun auch von offizieller Seite entmystifiziert wurde, wird sie nirgends infrage gestellt: Sie gilt immer noch als die beste aller Möglichkeiten, wenn es darum geht, Kinder großzuziehen. Sie soll nur vermehrt unter Beobachtung gestellt werden.

Wenn die Überforderung jedoch aus der Isolation und der fehlenden Unterstützung vor allem der Mütter herrührt, so können Familienhebammen und Arztbesuche kaum Abhilfe schaffen. Da die Dorfgemeinschaft heute nicht mehr existiert, versucht der Staat zu kompensieren, was die Kleinfamilie nicht leisten kann.

Entstanden ist die Kleinfamilie als isolierte Einheit mit ihren spezifischen haushälterischen, erzieherischen und pflegerischen Aufgaben mit der Entwicklung kapitalistischer Verhältnisse (wir kommen darauf zurück). Sie war und ist bis heute starken Wandlungen unterworfen und passt sich erstaunlich flexibel an die sich modifizierenden Anforderungen der Kapitalakkumulation an. Immer wieder gerät die Kleinfamilie aber in eine Krise: Egal in welcher Form sie existiert, sie bleibt gesamtgesellschaftlich gesehen immer prekär. In Zeiten, in denen Frauen nicht arbeiten gehen müssen und/oder dürfen, begehren sie oft gegen die Abhängigkeit vom Mann auf und damit dagegen, dass das bürgerliche Versprechen von Freiheit und Gleichheit für sie nicht gilt. In Zeiten jedoch, in denen die Frauen zu Freien und Gleichen werden, also zu Lohnabhängigen, kann entweder die Betreuung der Kinder nicht gesichert werden, nehmen Todesfälle und Vernachlässigungen zu, oder aber die Frauen bewegen sich ständig am Rande des Nervenzusammenbruchs. Als Ideal aber nimmt die Kleinfamilie stets unangefochten den ersten Platz im Ranking der erwünschten Lebensformen ein.

Historischer Abriss: Die Entstehung der Kleinfamilie

Im Feudalismus lebten die Bauern, die den Großteil der Gesellschaft ausmachten, von der Subsistenzwirtschaft. Mit der Ausweitung der Geldwirtschaft und des Marktes kam in der zweiten Hälfte des 17. Jahrhunderts und vor allem im 18. Jahrhundert eine neue Lebensform auf: der Heimarbeiter, der als Erster komplett in Geld entlohnt wurde. Durch diese neue Möglichkeit konnten viel mehr Menschen in einem deutlich früheren Alter einen eigenen Hausstand gründen und sich von ihrer Herkunftsfamilie unabhängig machen. Als Kleinfamilie – bestehend aus Vater, Mutter, Kindern – waren sie allerdings vollständig dem kapitalistischen Verwertungsprozess und seinen Krisen unterworfen. Wer es noch zu einem eigenen kleinen Haus brachte, konnte nebenher etwas Subsistenzwirtschaft betreiben. Viele jedoch mussten als Mieter unter sehr beengten Wohnverhältnissen ihrer Arbeit nachgehen. Die Produktionsmittel, beispielsweise angemietete Webstühle, standen in der Wohnstube, in der auch gegessen und geschlafen wurde. Frauen und Kinder mussten oft mitarbeiten, um ein ausreichendes Einkommen zu erwirtschaften, weshalb die Haushaltsführung vernachlässigt werden musste. Für die zeitraubende Konservierung von Lebensmitteln waren keine Kapazitäten vorhanden, wie es noch im bäuerlichen und handwerklichen Haushalt durch die Arbeit der Mägde der Fall gewesen war. Im 19. Jahrhundert wurden die Heimarbeiter, die hauptsächlich im Textilbereich tätig gewesen waren, durch den Industriearbeiter verdrängt: So kam es erstmals zu einer Trennung von Produktion und Reproduktion, wobei die Reproduktion auf einem erbärmlichen Niveau stattfand.[23]

Parallel dazu entstand seit dem 18. Jahrhundert der bürgerliche Haushalt als Ort der Reproduktion und des Konsums. Die Wirtschaftseinheit des »Ganzen Hauses«, die seit der Antike vorherrschend gewesen war, wurde ausgehöhlt. Der bürgerliche Unternehmer machte seine Geschäfte jetzt vielfach außer Haus, für die Haushaltsführung selbst wurden zunehmend Waren halbfertig eingekauft und weiter verarbeitet. Zwar gab es immer noch viele Helferinnen und Helfer, aber diese galten nicht mehr als Teil der Familie, sondern wurden zu Dienstboten degradiert. Der Unterschied zwischen Bürgern und anderen, sozial niedriger gestellten Stadtbewohnern wurde jetzt daran festgemacht, ob man sich Bedienstete und Kindermädchen leisten konnte. Die Familie, verstanden als biologische Einheit, wurde erst hier geboren. Vorher war der Familienbegriff viel weiter gefasst: Er umfasste alle im Haushalt Lebenden, also auch die Knechte und Mägde. Jetzt aber wurde die bürgerliche Familie als Gegenpol zur kalten Welt der Wirtschaft gesehen. Der dortige Kampf aller gegen alle sollte hier, im friedlichen Heim, aufgehoben sein. Das zog auch eine Emotionalisierung der Beziehungen innerhalb der Familie nach sich. Wärme und Zuwendung waren gefragt, und nicht mehr der reine Gehorsam, sondern Liebe und Schuldgefühl sollten zur Unterordnung und zur Anpassung führen – auch wenn die enge Beziehung zwischen Eltern und Kindern in den Bürgerhäusern mehr der Idealvorstellung als der Realität entsprang, denn die Kindermädchen hatten häufig engeren Kontakt zu den Kindern als die leiblichen Eltern.[24]

Im Laufe des 20. Jahrhunderts kam es zu einer Nivellierung der Lebensweisen von Bürgertum, Kleinbürgertum, Proletariat und Bauern. Haushaltsgehilfinnen gab es nur noch in Ausnahmefällen; die meisten Ehefrauen mussten aber, zumindest nachdem sie Kinder geboren hatten, nicht mehr oder kaum noch für Einkommen sorgen. So hatten sie Zeit, die im Haushalt anfallenden Arbeiten zu erledigen. Dazu gehörte nun in viel stärkerem Maße auch die Erziehung der Kinder, für die die Mutter von nun an als unersetzbar galt.

Die Konzentration der Kleinfamilie auf sich selbst hat sich jedoch erst in den 50er und 60er Jahren des letzten Jahrhunderts auf breiter Ebene durchgesetzt. Erst ab dieser Zeit kann wirklich von einer Isolierung der Kleinfamilie und vor allem der zu Hause arbeitenden Hausfrau die Rede sein. Dienstpersonal konnte sich kaum jemand mehr leisten, dafür aber hatte fast jeder Ehemann eine sittsam waltende Hausfrau in den eigenen vier Wänden, die ihm den Rücken freihielt. Dies hat sich schleichend seit den 70ern, sehr deutlich in den letzten zehn Jahren geändert. Die meisten Frauen gehen nach einer immer kürzer werdenden Babypause wieder arbeiten. Doch dies beendet nicht die Isolation, sondern verschärft sie oftmals.

Elternsein und Freundschaften

Die unzähligen Mama-Blogs sowie die deutlich geringere Anzahl von Väter-Bloggern sind eine der Ausdrucksformen dieser Isolation heutiger Familien. So begründen viele ihr oftmals obsessives Bloggen damit, dass die Bloggerszene für sie ein Ersatz für größere Familienzusammenhänge geworden sei. Zum Beispiel klagt die beliebte Bloggerin »das Nuf« über ihre Isolation, obwohl sie als IT-Managerin arbeitet:

»Ich habe keine Familie im näheren Umfeld. Die Eltern leben 500 km entfernt, die Geschwister ebenfalls. Natürlich habe ich Freundinnen und Freunde, aber auch die sind nicht meine Nachbarn. Die haben ihre eigenen Familien und können deswegen nicht mal auf einen Kaffee auf eine kurze halbe Stunde vorbeikommen. Sehr viele leben auch gar nicht in Berlin. Nach dem Studium hat es uns in alle Welt verstreut. Ich vermisse diese Freundinnen und Freunde oft, und ich würde gerne mehr Zeit mit ihnen verbringen. Wir sehen uns zwei-, drei-, vielleicht viermal im Jahr – aber das war's. Wir haben keinen gemeinsamen Alltag.

Ich bin ein ausgesprochener Familien- und Freundemensch. Am glücklichsten bin ich, wenn zehn Kinder um mich herumspringen und wir Erwachsene zusammensitzen, reden, gemeinsam essen und trinken und ab und an einer aufsteht, um zu schauen, ob der Schrei aus dem Kinderzimmer bedeutet, dass sich eines der Kinder einen Zahn ausgeschlagen hat oder ob ein Kind dem anderen nur ein Spielzeug entrissen hat.

Das Internet bietet mir genau dieses Gefühl. Es gibt mir Wärme und das Gefühl von Zusammenhalt, das Gefühl, ich bin nicht allein. Ich bekomme auf alles eine Antwort. Austausch zu jedem Thema ist möglich.«[25]

In den Kommentaren unter Artikeln, die über solche Blogs berichten, wird oft geschimpft, wie armselig diese Form des Austausches sei, und die Isolierung der Bloggerinnen und Blogger als individuelles Problem betrachtet. Reden »Experten« heute über gesellschaftliche Gründe für Vereinzelung und fehlende Unterstützung, nennen sie oft den Wegfall der Herkunftsfamilie. Aber in den 1970er Jahren lebten die jungen Familien zwar häufiger in der Nähe ihrer Herkunftsfamilien, aber diese leisteten auch damals selten praktische Unterstützung. Weniger als 5% der Hausfrauen gaben in einer *Brigitte*-Studie von 1974 an, dass sie Hilfe von der Mutter, Schwiegermutter oder anderen Verwandten bekämen.[26]

Was sich aber wohl tatsächlich reduziert hat, sind der nachbarschaftliche Kontakt und die Besuche von Freunden und Familie. Laut Betty Friedans Studie zum *Weiblichkeitswahn* aus den 1960ern, die immerhin als Klassiker der amerikanischen Frauenbewegung gilt und die die Unterdrückung der Frauen besonders drastisch zum Ausdruck bringen wollte, berichteten US-amerikanische Frauen von der winterlichen *social season*, in der sie Partys und Abendessen veranstalteten. Frauen aus der deutschen Arbeiterklasse verbrachten die Wochenenden mit Besuchen bei Verwandten und berichteten von regelmäßigen Kontakten zu den Nachbarn. In bürgerlichen Familien gingen die Frauen mehr individuelle Freundschaften ein. Gerade weil die Frauen nicht arbeiten gingen, waren sie in der Wirtschaftswunderzeit in der Lage, ein soziales Leben aufzubauen.[27] Mögen sie sich auch alle in den Vorortsiedlungen mit ihrem Leben von der Stange zu Tode gelangweilt haben, sie taten dies wenigstens gemeinsam.

Heutzutage scheint es für Familien mit Kindern viel schwieriger zu sein, für die Alltagsorganisation tragfähige außerfamiliäre Kontakte zu pflegen, auch für Akademikerinnen und Akademiker, bei denen ein weltweit verzweigter Freundes- und Bekanntenkreis nichts Ungewöhnliches ist. Gerade für sie aber ist räumliche Flexibilität notwendig, um überhaupt eine Stelle zu finden. So ziehen entweder die guten Freunde weg, oder man selbst (oder der eigene Lebenspartner) findet einen Job in einer anderen Stadt.

Studien haben gezeigt, dass Verheiratete mit Kindern die wenigsten Freundschaften haben. Die meisten Freundschaften entstehen in der Jugendzeit und der Spätadoleszenz, in der Zeit also, in der man sich von der Herkunftsfamilie löst und seine eigene Identität ausbildet. Mit dem Eintritt ins Berufsleben gewinnt der Aufbau einer eigenen Kleinfamilie an Bedeutung, Freundschaften werden zurückgestuft. Erst wenn die Kinder dann wieder aus dem Haus sind, werden alte Freunde und Freundinnen wiederentdeckt; neue Freundschaften aber werden kaum noch geschlossen.[28]

Das Bedürfnis nach einer Kleinfamilie entsteht häufig mit dem Berufseinstieg. Mögen manche Jobs mehr oder weniger sinnvoll erscheinen, letztlich darf man sich nichts vormachen: Wer von uns arbeitet, arbeitet in der Regel entfremdet, allein um ein Einkommen zu haben. Die Erziehungsarbeit und das Verhältnis zum Kind erscheint dagegen als unentfremdet und selbstbestimmt. Die Arbeit, die hier vonnöten ist, gilt ja einem geliebten Menschen, dem man, wenn es gut läuft, sein Leben lang durch Liebe, Pflicht- und Schuldgefühle verbunden bleibt. Kinder großzuziehen wird zum Sinn des Lebens hochstilisiert.

Der Mechanismus funktioniert aber ebenso in umgekehrter Richtung. Gerade in subkulturellen Kreisen, in denen die Jugendphase tendenziell verlängert wird, wird die Gründung einer Kleinfamilie gerne genutzt, um sich den Anforderungen eines festen Jobs endlich zu stellen. Finanzielle Sicherheit wird mit einem Kind wichtiger, und wenn man jemand anderen versorgen muss, erscheint die Plackerei in neuem Licht und wird gar als sinnvoll empfunden.

Der Preis für diesen speziellen Sinn des Lebens ist jedoch hoch: Wer sich für diesen Weg entscheidet, sieht sich mit umfassenden Anforderungen konfrontiert, die Kraft reicht nur noch für das unmittelbar Notwendige. Freundschaftliche Kontakte, auch wenn sie gerade jetzt dringend als Unterstützung benötigt würden, bleiben häufig auf der Strecke. Die Phase der Familiengründung markiert oft einen Schnitt in den freundschaftlichen Beziehungen. In zahlreichen Foren ist es ein viel diskutiertes Thema, ob die alten Freundschaften bestehen bleiben, wenn sich die Prioritäten von Partys und Ausgehen zu den Einschlafproblemen der Kleinen verschieben. Viele berichten, dass die meisten alten Freundschaften zerbrechen, nicht aus bösem Willen, sondern weil es einfach keine gemeinsamen Interessen mehr gibt. Die Kinderlosen sehen nur noch das neue Spießertum der Kleinfamilie, die frisch gebackenen Eltern lamentieren darüber, dass die alten Freunde nie erwachsen werden.

Seit es nur noch eine Option unter vielen ist, Kinder zu bekommen, gibt es eine Konkurrenz zwischen den Lebensstilen: Immer besteht die Gefahr, die eigene Entscheidung doch als falsch zu empfinden. Bis in die 1970er

Jahre war eindeutig, wer das Mitleid der Gesellschaft verdient hatte: die unverheirateten Kinderlosen. Seit es keine Selbstverständlichkeit mehr ist, zu heiraten und Kinder zu bekommen, ist die Frage nach der richtigen Wahl nicht mehr so einfach zu beantworten: Es sind unterschiedliche Einschränkungen mit der jeweiligen Entscheidung verbunden, und der Neid auf das vermeintlich bessere Leben der anderen ist keine Seltenheit. So halten sich viele lieber vom Leben der anderen fern, um nicht an den Verzicht, den die eigene Wahl mit sich bringt, erinnert zu werden.

Die Isolation von Kleinfamilien entsteht also nicht allein durch Druck aus der Lohnarbeitssphäre, sondern wird auch durch die Unvereinbarkeit der Lebensweisen von Familien und Kinderlosen befördert. Lange Zeit galten kollektive Wohnformen im linksalternativen Milieu als ein Heilmittel gegen die kleinfamiliäre Isolation. Auch heute entscheiden sich immer noch einige für ein solches Experiment, viele geben dies aber nach einiger Zeit wieder auf. Probleme sehen beide Seiten: Die Eltern beschweren sich über lauten Besuch zur Unzeit, Rauch, der ins Kinderzimmer zieht, oder leiden unter Platzmangel. Die kinderlosen Mitbewohner fühlen sich eingeschränkt, müssen Rücksicht nehmen und sind vom Babygeschrei oder von herumliegendem Spielzeug genervt, auch der Dauerbesuch des zweiten, eigentlich nicht in der WG lebenden Elternteils kann zu Konflikten führen – es gibt viele Punkte, die zum *clash of civilisations* führen können. Das Kindermanagement ist schon in Paarkonstellationen kompliziert genug, und Fragen wie »Wer verdient das Geld?« oder »Wer passt auf die Kinder auf?«

in heutigen WGs gemeinsam zu besprechen, erscheint fast schon so utopisch wie die Umwälzung der Gesellschaft als ganzer. So finden sich die meisten denn doch als Kleinfamilie wieder, wenn auch nicht immer der biologische Vater und die biologische Mutter als Elternteile fungieren, sondern ebenso Variationen wie homosexuelle Paare oder Patchworkfamilien existieren. Natürlich gibt es auch die »ganz kleine Form«: alleinerziehende Frauen und manchmal sogar Männer.

Wenn die alten Freundschaften kaputtgehen, könnten sich neue Freundschaften zwischen Eltern(paaren) ergeben. Der Aufbau von Beziehungen erfordert aber nicht nur Zeit, sondern auch die Bereitschaft, sich zu öffnen, Vertrauen aufzubauen und das Risiko des Scheiterns einzugehen. Für diesen Prozess mit unsicherem Ausgang, der beginnende Freundschaften genauso wie jede neue Liebesbeziehung kennzeichnet, fehlt es oft an Kraft. So dominieren in den Kontakten, die sich über den Nachwuchs ergeben, praktische Fragen und, wenn es gut läuft, die gegenseitige Entlastung bei der Kinderbetreuung, nicht aber die persönliche Begegnung und das Interesse aneinander. Für viele ist es einfacher, auf das Internet zurückzugreifen, als die wenig verbliebene Energie in den Aufbau realer Beziehungen zu stecken.

Enge und langdauernde Freundschaften sind in der kapitalistischen Gesellschaft ohnehin selten und kamen in den 50ern wohl auch nicht häufiger vor als heute, denn die durch die herrschenden Verhältnisse hervorgebrachte Persönlichkeitsstruktur ist wenig geeignet, sich im großen Umfang auf andere einzulassen. Die Konkurrenz, in die die Menschen unter kapitalistischen Bedingungen gesetzt sind, bringt Neid und Missgunst hervor, und diese vergiften die Beziehungen unter Nachbarn, Bekannten und Freunden, auch wenn sie nicht unmittelbar um etwas Konkretes wie einen Arbeitsplatz oder eine Wohnung miteinander konkurrieren. Da das bügerliche Individuum tendenziell zu kurz kommt– unter hiesigen Verhältnissen nicht in erster Linie ökonomisch (auch wenn die Abstiegsdrohung in jedem Winkel zu lauern scheint), sondern emotional –, und es sich ständig etwas versagt oder glaubt versagen zu müssen, um weiter zu funktionieren, verkümmern die vereinzelten Einzelnen sozial immer mehr und gönnen auch den anderen nichts. So erscheint die Familie, die ja auch eine Zwangsgemeinschaft ist, als einzige Instanz, auf die wirklich Verlass ist. Und der Neid, der dem bürgerlichen Subjekt immanent ist, kann in Paranoia umschlagen, wenn man glaubt, alle anderen wollten einem das Wenige, was man hat, auch noch nehmen.

Von der Isolierung der Kleinfamilie zur Isolierung der Frau

Zwar muss man heute nicht mehr heiraten, wenn ein Kind unterwegs ist, aber immer noch ist es üblich, als Elternpaar während der Schwangerschaft zusammenzuziehen. Für diesen traditionellen Schritt wird oft ein fortschrittlicher Grund genannt: Die gleichberechtigte Aufteilung der Arbeit zwischen Mann und Frau sei auf diese Weise leichter durchführbar. In der Realität sieht dies jedoch oft anders aus, da findet die Isolation der Kleinfamilie ihre Fortsetzung in der weitgehenden Isolierung der Frau zu Hause. Das hat sich in den letzten Jahren nicht gravierend verändert, auch wenn die Ansprüche an den Mann nach mehr Einbindung in das »Projekt Kind« gestiegen sind. So erwarten viele Frauen, dass die Männer zu den Vorsorgeuntersuchungen bei der Frauenärztin und zur Hebamme mitkommen und bei der Geburt dabei sind. In den ersten Tagen und Wochen nach der Geburt wird Vätern angeraten, sich um Frau und Kind zu kümmern. Es wird ihnen vorgeschlagen, in der Zeit des Wochenbettes Urlaub zu nehmen, vielleicht sogar den gesamten Jahresurlaub. Die Väter sollen den Haushalt schmeißen, damit sich die Mütter auf die Kinder einstellen können, stressfrei stillen und lernen, die Bedürfnisse des Babys zu entschlüsseln. Die Hauptverantwortung der Frau wird in der herrschenden Ideologie nirgends infrage gestellt, was sich bereits am zweimonatigen verordneten Mutterschutz zeigt. Vaterschutz gibt es in Deutschland, im Gegensatz zu anderen Ländern, nicht. Die Hilfe des Vaters gilt zwar gemeinhin als wünschenswert, aber nicht als notwendig. Die Mutter-Kind-Bindung wird als etwas Natürliches hingestellt, das durch Schwangerschaft und Stillen hergestellt werde, während der Vater eine solche Bindung erst mühsam aufbauen müsse.

> »Machen Sie sich bewusst, dass die Bindung zwischen Mutter und Kind von Beginn an sehr stark ist und durch das Stillen noch zusätzlich gefestigt wird. Lassen Sie sich nicht durch die anfängliche Fixierung des Babys auf die Mutter verunsichern – das ist ganz normal und ändert sich im Lauf der Zeit auch wieder. Bauen Sie die Beziehung zu Ih-

rem Kind ganz bewusst auf: Sorgen Sie sich um das
Kleine, verbringen Sie so viel Zeit wie möglich mit
ihm, und genießen Sie die gemeinsamen Wochen als
Familie, wenn Sie selbst Elternzeit nehmen.«[29]

Viele Väter fühlen sich ausgeschlossen von der Beziehung zwischen Mutter und Kind, sie stehen (etwas)
hilflos am Rande. Frank Apunkt Schneider beschreibt
das in dem Sammelband *The Mamas and the Papas* fol-
gendermaßen:

> »Aber noch etwas anderes wurde mir schlagartig
> bewusst: Die berüchtigte Nähe, die sich beim Stil-
> len einstellt, ist ein Privileg der Mütter. Die Vä-
> ter bleiben außen vor. Sie können der Stillenden
> höchstens über die Schulter schauen und über den
> Kopf tätscheln, um ein wenig an der exekutierten
> Idylle teilzuhaben.
>
> Beim Stillen wird den Kindern beigebracht, dass die
> Mutter für alle emotionalen Bedürfnisse zuständig
> ist, und die Mütter lernen genau hinzuhören, wenn
> das Baby schreit. Mit der Zeit entwickeln sie ein
> intuitives Wissen, was es will. Hat es Hunger oder
> ist ihm nur die nasse Windel unangenehm? Und sie
> fühlen sich stets angesprochen. Noch lange nach
> der eigentlichen Stillzeit reagieren sie oft reflexartig
> auf die Bedürfnisse ihres Kindes. Ihr Körper wurde
> darauf konditioniert. Stillen synchronisiert Mutter
> und Kind, sie bilden eine Einheit. Der Vater wird
> dabei nicht zwingend gebraucht, er kann die Mut-
> ter entlasten, notfalls kriegt sie das aber auch ohne

ihn hin. Genau das ist wahrscheinlich die Matrix der bürgerlichen Kleinfamilie.«[30]

Zurzeit gilt es als angemessen, das Kind sechs Monate ohne irgendwelche Beikost zu stillen, und zwar circa alle drei bis vier Stunden, je nachdem, wann die Kleinen Hunger bekommen. Mit Lohnarbeit ist das kaum vereinbar. Laut Gesetz können stillende Frauen sich zweimal am Tag eine halbe Stunde freinehmen, doch in 30 Minuten ist kaum der Weg nach Hause zum Baby zu schaffen. Die Alternative des Milchabpumpens erleben die meisten Frauen als nervig und stressig. So ist es naheliegend, dass die Mütter mindestens die ersten sechs Monate Elternzeit nehmen, während die schnell in den Job zurückkehrenden Väter sich immer mehr von den Kindern entfremden. Dies habe alles seine Richtigkeit, finden viele Ratgeber, denn der Bindung zwischen Vater und Kind wird eine andere Funktion zugesprochen. Tatsächlich soll er das Kind nicht »bemuttern«, sondern einen »wichtigen Beitrag zur Autonomieentwicklung« leisten, wenn das Kind sich beginnt von der Mutter abzulösen.[31] Dieses Arrangement entfernt aber auch die Eltern voneinander und kann sogar zum Bruch zwischen ihnen führen. Gerade wenn mal nicht alles komplikationslos läuft, kann es passieren, dass sich die Mutter jetzt erst recht emphatisch auf das Kind bezieht, während der Vater sich hauptsächlich dem Beruf widmet.

»Die Geburt verlief super ohne Komplikationen, wir hatten ein gesundes supersüßes Baby. Anthea schlief bei uns im Schlafzimmer in ihrer Wiege. Die ersten Wochen war alles gut. Nicole stillte sie nachts regelmäßig. Meistens war ich dabei und war in diesen innigen Momenten echt glücklich.

Dann fing Anthea plötzlich an, stundenlang zu schreien. Manchmal schon kurz, nachdem sie gerade hingelegt worden war. Es war unerträglich. Es gab Momente, da forderte ich Nicole auf, die Kleine schreien zu lassen und nicht so schnell hochzunehmen. Sie nannte mich lieblos. Die Hilflosigkeit machte mich verrückt. Der Kinderarzt diagnostizierte ›Dreimonatskoliken‹.

Es wurde immer schlimmer. Ich musste morgens wieder fit sein und zog irgendwann ins Gästezimmer. Nicole hat nichts gesagt, aber später hat sie mir gestanden, dass sie sich total im Stich gelassen fühlte. In dem Moment habe ich aber nur an meinen Schlaf gedacht und daran, dass ich im Job meinen Mann stehen muss. Um es kurz zu machen. Wir haben uns in dieser Zeit sehr entfremdet.«[32]

Es liegt aber nicht in der »Natur« der Schwangerschaft und des Stillens, dass die klassische Arbeitsteilung reproduziert wird, sondern an den kapitalistischen Bedingungen. Das Elterngeld hat trotz der anvisierten Gleichberechtigung das alte Geschlechterverhältnis auf neuer Stufe reproduziert: Wer den Lebensunterhalt über Arbeit sichern muss und die Versorgung des Säuglings im kleinfamiliären Rahmen regelt, entscheidet rasch, dass einer beim Kind bleibt und der andere wieder arbeiten geht, auch damit der finanzielle Ausfall nicht allzu groß wird. Finanzielle Einbußen erdulden fast alle Arbeiterinnen und Arbeiter in der Elternzeit, denn das Elterngeld beträgt nur circa 67% des normalen Gehaltes.[33] Elternzeit für beide gleichzeitig ist nur sieben Monate lang möglich – aber erst nach zwölf Monaten greift das Recht auf außerhäusliche Betreuung. Wollen Vater und Mutter im ersten Jahr beide das Kind versorgen, müssen sie entweder finanzielle Rücklagen haben, in relativer Armut von Arbeitslosengeld II leben oder sich als Selbstständige ihre Zeit relativ frei einteilen können (falls sie nicht zu denjenigen gehören, die in Arbeit untergehen). Wie wenig naturgegeben die Polarisierung der Geschlechter ist, zeigt das Beispiel von Suse und Micha, die auch in der Stillzeit die Aufgaben annähernd gleich verteilten, das Stillen war dafür kein Hindernis:

>»Ich sah das alles nicht ein und vor allem auch nicht den Unterschied zwischen einem Vater und einer Mutter, den alle nicht müde wurden zu betonen, ich weiß jetzt: Es gibt keinen Unterschied zwischen dem Vater und mir. Außer dass ich stillen kann und er nicht. Ein Detail! Sofern sie keinen Hunger hatte, ließ sich auch der ganz frische Säugling von uns beiden gleich gut beruhigen, wenn nicht sogar nachts (besser) vom Vater, weil sie nicht durch die verwirrende Möglichkeit des Trinkens an der Brust abgelenkt wurde. Die Ausrede ›Meine Frau kümmert sich in der ersten Zeit‹, denn ich kann ja eh nix machen, sie stillt ja, ist was sie ist: eine Ausrede.«[34]

Suse und Micha haben jedoch auch recht komfortable Arbeitsbedingungen. Sie arbeiten beide freiberuflich und können selbst wählen, an welchen Tagen sie arbeiten. Sie verdienen nach eigener Aussage »normal«, hatten offenbar das Glück, in Berlin eine bezahlbare Wohnung zu finden, und haben nicht besonders hohe Konsumansprüche. Aber sie sind eine Ausnahme. Die meisten Mütter wählen Elterngeld für ein ganzes Jahr, während nur ein knappes Drittel der Väter überhaupt einen Antrag stellt, davon nur 7% für die gesamte Zeit.[35] Gut zwei Drittel nehmen nur die sogenannten zwei Vätermonate.[36] Selbst dieses vergleichsweise geringe Engagement wird schon als Erdrutsch der Emanzipation wahrgenommen, was manchem Unternehmer die Tränen in die Augen treibt, weil jetzt selbst auf die Männer kein Verlass mehr sei. Die Vätermonate ändern aber nichts Wesentliches. Und wenn jetzt auch Männer in Konflikte geraten, die vorher nur Frauen kannten, so bleiben diese doch auf einem ganz anderen Niveau: Die Männer sehen sich in der Mehrzahl weiterhin als Ernährer und wollen zusätzlich auch fürs Kind da sein; die Frauen bleiben hauptverantwortlich für den Nachwuchs und arbeiten nur zusätzlich. Auch das große feministische Vorzeigeprojekt festigt also die geschlechtliche Arbeitsteilung, auch weil es mit der Renaissance des Stillens und dem inhärenten Glauben an die Natürlichkeit der innigen Mutter-Kind-Beziehung zusammengefallen ist.

Selbst im feministischen Musterstaat Schweden zeitigt diese Kombination Wirkung. In Schweden gibt es schon seit 1974 Elterngeld, und es ist das Land mit der höchsten Stillquote in der EU. Obwohl fast die Hälfte der Männer Elternzeit nimmt, müssen die schwedischen Firmen nicht verzweifeln: Auch die Schweden nehmen meistens nur zwei Monate. Folge davon ist, dass zwar der Großteil der Frauen arbeitet, aktuell 77,7% – aber die meisten Firmen nur ungern Frauen einstellen, weswegen diese vor allem im öffentlichen Dienst beschäftigt sind. Nirgendwo in Europa ist die Segregation des Arbeitsmarkts höher als in Schweden. Das Gros der Frauen arbeitet in frauenspezifischen Berufen, und drei von vier Müttern entscheiden sich nach der Elternzeit für Teilzeit. Dementsprechend sieht auch die Lohnentwicklung in Schweden aus: Frauen bekommen im Schnitt 20% weniger Lohn als Männer.[37] Versucht die Politik den grundsätzlichen Problemen – der geschlechtlichen Arbeitsteilung, der Isolation und Überforderung der Kleinfamilie – entgegenzuwirken, verlagert sie in der Regel nur die Probleme.

Die Isolation der Hausfrauen lag darin begründet, dass sie in ihrem Arbeitsbereich – dem Haushalt – keine Ansprechpersonen hatten. Mittlerweile aber hat sich die Isolation noch verschärft, denn die Anforderungen haben sich in allen Bereichen erhöht, und niemand hat mehr Zeit für Kontakte. Jetzt wird besonders deutlich, was für Probleme entstehen können, wenn die Kindererziehung der Kleinfamilie aufgedrückt wird und in erster Linie an den Frauen hängenbleibt. Gerade weil im Kinderhaben ein Glücksversprechen liegt, das angesichts der Überforderung und der fehlenden Anerkennung seitens der Sprösslinge nicht eingelöst wird, kann es zu Vernachlässigungen und zu Misshandlungen kommen. Je weniger Erholungszeit die oder der Einzelne hat, desto weniger Geduld ist für die Kinder und ihre Verhaltensweisen übrig, denen die »Rationalität« der Gesellschaft ja erst noch anerzogen werden muss. Der Staat versucht nun durch seine Unterstützungssysteme, den Familien unter die Arme zu greifen. Galt die Familie früher als Hort der Geborgenheit und als friedliche und verlässliche Instanz (auch wenn das nicht der Realität entsprach), so ist heute Konsens, dass dieses Ideal allenfalls durch eine Mischung aus staatlichem und individuellem Handeln zu verwirklichen ist. Die Kontrolle des Staates, die als freiwilliges Angebot und großzügige Unterstützung daherkommt, erhöht so noch den sowieso schon immens gestiegenen Druck: Den Anforderungen kann niemand gerecht werden, das Schuldbewusstsein nimmt zu, die Anstrengungen werden verstärkt – und trotz aller gegenteiligen Intention wächst die Überforderung und damit der Misserfolg.

Die (Un)Vereinbarkeit von Beruf und Familie

Liest man Artikel und Studien zur Vereinbarkeit von Beruf und Familie, hat man den Eindruck, dass Mütter entweder ein faules Pack sind, das höchstens mal bei einer schönen Tasse Tee über die eigene berufliche Zukunft sinniert – oder aber, dass sie mit einem Baby auf dem Arm und einer pflegebedürftigen Mutter an der Seite darauf drängen, zusätzlich zu ihrer Erziehungs- und Pflegearbeit so schnell wie möglich wieder »vollzeitnah« mit der Lohnarbeit zu beginnen, um ihre Karriere voranzutreiben.

Die wichtigste Fragestellung ist immer: Wann fangen die Mütter wieder an zu arbeiten? Als bedenklich wird eingeschätzt, dass Mütter noch zu wenig, zu häufig in Teilzeit oder gleich gar nicht arbeiten.[38] Gesucht werden hochqualifizierte, belastbare und motivierte Mütter, die Steuern und Sozialabgaben zahlen und zudem noch für hochqualifizierten, belastbaren und motivierten Nachwuchs sorgen. So hat der Staat in den letzten Jahren nicht nur einiges dafür getan, dass es für Mütter einfacher wird, Familie und Beruf zu vereinbaren, sondern er drängt sie geradezu, so wenig wie möglich beruflich auszusetzen.

Die meisten Eltern wirken extrem gestresst. Sie reiben sich zwischen Job und Kind auf, auch wenn sie nur Teilzeitstellen haben und der Nachwuchs bis nachmittags in der Kita ist. Und obwohl schon jetzt alle am Limit sind, Staat und Wirtschaft reicht es immer noch nicht: nicht die Zahl der Arbeitsstunden der Eltern und auch nicht deren Qualifikation, nicht die Zahl der Kinder und nicht deren Bildung. Um also allen Beteiligten auf die Sprünge zu helfen, werden immer weitere Maßnahmen und Reformen ersonnen und umgesetzt.

Die Nöte der Eltern werden dabei durchaus wahrgenommen. Die Familienministerin zum Beispiel beklagte die Hetze im Alltag von Eltern und Kindern. Wie manche Feministin empfiehlt sie als Schlüssel zum Glück: die Lohnarbeit. Ein bisschen flexibler als bisher, wenn möglich, ein bisschen mehr Beteiligung der Väter an der Sorge um die Kinder, vielleicht auch mal ein, zwei Stunden weniger im Arbeitsvertrag. Mit den von ihr persönlich im Herbst 2014 beschlossenen gesetzlichen Änderungen und ein bisschen gutem Willen müsse es doch dann möglich sein, viel zu arbeiten und geeignete Kinder aufzuziehen.[39]

Kinder funktionieren nicht im Arbeitstakt ...

Wenn alles so wäre, wie von Regierungsseite gewünscht: Wenn alle erwachsenen Frauen Mütter und alle Männer Väter wären, wenn wir dazu in Vollzeitstellen säßen oder eben als Freiberufliche hart an unserer Belastungsgrenze arbeiten würden, wenn dazu noch all diese Lohnarbeit es uns ermöglichte, ein finanziell einigermaßen abgesichertes Leben zu führen – nun gut, dann würden wir – wie heute – hektisch vom Büro aus etwa mit der Sozialarbeiterin des Krankenhauses telefonieren und uns – wie heute – abends sorgen, ob das Kind mit dem noch nicht auskurierten Schnupfen am nächsten Morgen in die Kita gehen und wer es notfalls mittags abholen kann, und wir

würden uns mit unseren Partnern abends darüber streiten, wer am Tag den meisten Stress hatte. Vollzeitstellen
und Kinder oder die Pflege von alten Leuten lassen sich
kaum miteinander vereinbaren, ohne dass permanente
Notsituationen entstehen und alle das Gefühl haben, wieder zu wenig geschafft, geschlafen, gegessen, gesprochen
oder gespielt zu haben.

An dieser Situation muss dringend etwas geändert werden, aber was? In einer Fortbildung zum Zeitmanagement
im Alltag wurde die Frage gestellt, wie man in seinem
Alltag noch ein bisschen Zeit freischaufeln könnte. Eine
Teilnehmerin, alleinerziehende Mutter von zwei Kindern,
schrieb: »Kinder ins Heim bringen.« Der Leiter der Fortbildung war entsetzt; er begriff nicht, dass der Zynismus
der Antwort dem seiner Fragestellung entsprach. Andere
Antworten wären natürlich auch möglich gewesen: keine überflüssigen Workshops besuchen zum Beispiel, sich
notfalls krankmelden und grundsätzlich die Lohnarbeit
ruhiger angehen lassen.

Nun hat jedoch kein privates Unternehmen Interesse
an Arbeitskräften, die nur dann kommen und sich auf
ihre Arbeit konzentrieren können, wenn sie ihr Privatleben mit Muße und zur Zufriedenheit aller organisiert
haben. Unternehmen bevorzugen verständlicherweise
Arbeitskräfte, die ihnen voll und ganz zur Verfügung stehen. Die Wirtschaft hat Interesse an gebrauchsfertigen
Lohnarbeitern – wie sie zu solchen werden und wie sie
voll funktionsfähig bleiben, ist Privatangelegenheit oder
dem Staat unterstellt. Arbeitgeber beteiligen sich zwar an
den Kosten für die Sozialversicherungen. Sofern es sich
um einfach qualifizierte und daher leicht austauschba-

re Arbeitskräfte handelt, ist ihre finanzielle Beteiligung
jedoch nicht unbedingt ihrem Interesse an der Arbeits-
fähigkeit der einzelnen Lohnarbeiterin geschuldet. Die
anteilige Übernahme von Kosten der individuellen Reproduktion geschieht auch nicht aus weitsichtiger Verantwortung für die Gesellschaft, sondern aufgrund der
politischen Rahmenbedingungen: Der Staat trägt für den
langfristigen Erhalt der Lohnarbeiterschaft Sorge und
kompensiert das eher kurzsichtige Interesse der Arbeitgeber an Hochleistungsarbeitskräften. Sofern genügend
Selbstständige bereitstehen, für die keine Sozialversiche-
rungskosten anfallen, besteht für die Unternehmer erst
recht kein Grund, sich um die »Gesundheit« oder gar
das private Glück der Lohnarbeiter Sorgen zu machen.
Genauso wenig haben Unternehmer Interesse an der ge-
nerativen Reproduktion. Zwar braucht die Wirtschaft
eine ausreichende Anzahl fix und fertig qualifizierter,
jüngerer Arbeitskräfte; dass in einer Gesellschaft jedoch
überhaupt Kinder geboren, aufgezogen und zu den je benötigten Arbeitskräften ausgebildet werden, diese Sorge
wird dem Staat überlassen. Die meisten Personalchefs
werden privat Babys und kleine Kinder süß finden und
in Pressemitteilungen als »wichtig für unsere Zukunft«
würdigen. Bei den eigenen Mitarbeiterinnen und Mitarbeitern sind kleine Kinder jedoch eher hinderlich. Stets
verfügbare Arbeitskraft zu sein und Kinder oder pflegebedürftige Eltern zu haben, das passt nun mal nicht
zusammen. Kleine Kinder wie alte Menschen verlangen
ständige Verfügbarkeit und unermesslich viel Zeit. Damit Kinder im Arbeitstakt der Eltern mitfunktionieren,
ist allseitige Anstrengung vonnöten. Dass alle Familien-

mitglieder nach einem schönen Frühstück entspannt und gespannt auf den neuen Tag unterwegs sind, sieht man allenfalls in der Werbung. Realistisch ist: Hat man die Kinder geweckt, angezogen, zum Kakaotrinken überredet und es geschafft, allen eine sinnvolle Anzahl von Kleidungsstücken in der richtigen Reihenfolge anzuziehen, hat man allen die Sachen gepackt und sind alle noch mal aufs Klo gegangen, hat man sich selbst und die Kinder ins Auto oder in den Bus verfrachtet und an den verschiedenen Orten in der Stadt abgeliefert – dann muss man sich im Büro erst einmal ein, zwei Stunden erholen. Und hat man auch einen raffinierten Arbeits- und Familienplan aufgestellt, so wird man mindestens in jeder zweiten Woche feststellen, dass er nicht funktioniert. Kinder werden krank und möchten dann umsorgt werden; selbst Erwachsene werden krank. Darüber hinaus gibt es noch hundert weitere mögliche Zwischenfälle, die den Alltag sprengen und es eigentlich dringend erforderlich machen, dass Verwandtschaft im frühen Rentenalter, arbeitslose, kinderlose und sehr, sehr gute Freunde oder aber eine professionelle Haushaltshilfe stets zur Verfügung stehen. Nicht jeder kann jedoch auf solche Unterstützung zurückgreifen. Haushaltshilfen sind teuer, die Verwandtschaft wohnt woanders, ist selbst pflegebedürftig, mit einem zerstritten oder hat keine Lust, die guten Freunde müssen selbst arbeiten oder möchten lieber schlafen und ausgehen, als sich um die Kleinen und Alten zu kümmern.

Eigentlich verwundert es einen nicht, dass viele berufstätige Freundinnen und Freunde keine Kinder haben, dass Eltern nicht Vollzeit arbeiten und trotzdem immer blasser werden. Man kann nur zu dem Schluss kommen, dass Lohnarbeit nicht zur Betreuung von Kindern und alten Leuten passt. Tatsächlich mag man einer Freundin im Mutterschutz, die von der letzten Nacht noch Ringe unter den Augen hat, kaum raten, sich endlich mal um ihre berufliche Zukunft zu kümmern, auch wenn es notwendig wäre.

... arbeiten muss man aber trotzdem

Selbst wenn man zu den wenigen Menschen gehören sollte, die eine Frau oder einen Mann haben, der oder die von seinem Lohn noch die ganze Familie ernähren kann, sollte man sich lieber nicht auf diese Art der Existenzsicherung verlassen – sonst kann es passieren, dass man sich schneller, als man denkt, in Armut wiederfindet. Mit dem neuen Unterhaltsrecht 2008 wurde die Einverdiener-Ehe und somit auch das Hausfrauendasein fundamental infrage gestellt. Der grundlegende Gedanke der neuen Gesetzgebung ist einfach und wirkungsvoll: Sollen nicht nur wie eh und je die Väter, sondern auch die Mütter dazu gebracht werden, so bald wie möglich nach der Geburt eines Kindes wieder mit der Lohnarbeit zu beginnen, dann ist dafür zu sorgen, dass sie es müssen. Stehen keine anderen Einkommensquellen zur Verfügung, erhält man keine Renten oder Kapitalerträge und fällt dann auch noch der Gatte oder Exgatte als Versorger weg, bleibt nur noch der Verkauf der eigenen Arbeitskraft. Viele Mütter mussten zwar schon vor der Reform nach der Geburt eines Kindes so schnell wie möglich wieder Geld verdienen – je nachdem, was der

Ehemann verdiente. Mit dem neuen Unterhaltsrecht ist es aber noch schwieriger, sich einzureden, dass man ja auch mal eine Weile »zu Hause« bleiben kann.

Seit den 70er Jahren konnten diejenigen, die während einer Ehe nicht oder wenig erwerbstätig gewesen waren, auch nach einer Scheidung noch von der Versorgungsfunktion der Ehe profitieren. Egal aus welchen Gründen die Scheidung verlangt wurde: Sie hatten Anspruch auf Unterhalt, der – je nach Einkommen des ehemaligen Partners – magerer oder besser ausfiel. Seit 2008 wird das Prinzip der »nachehelichen Eigenverantwortung« stärker gewichtet. Unterhaltspflicht besteht zwar noch gegenüber gemeinsamen Kindern; gegenüber einem Expartner oder einer Expartnerin aber nur noch, sofern er oder sie das gemeinsame Kind betreut und dieses das dritte Lebensjahr noch nicht erreicht hat.[40] Das gilt auch für homosexuelle Paare. Gemeinsam erzogene Kinder gelten hier jedoch nicht als gemeinsame Kinder. Die Pflicht zu Betreuungsunterhalt besteht nur dann, wenn das – leibliche oder adoptierte – Kind von Co-Mutter oder Co-Vater adoptiert wurde.[41]

Die nahezu klassenkämpferische Parole, mit der Brigitte Zypries 2007 für das unter ihr ausgearbeitete Gesetz in einer Talkshow warb: »Einmal Zahnarztgattin immer Zahnarztgattin, das gilt nicht mehr«,[42] ist ein bisschen irreführend. In den meisten Streitfällen um Unterhalt wird es nicht darum gehen, dass eine Zahnarztgattin fordert, weiterhin von Lohnarbeit und Bügelwäsche unbehelligt am Privatpool herumlungern zu können, sondern um eine finanzielle Kompensation der jahrelang geleisteten Reproduktionsarbeit für gemeinsame Kinder und den Gatten.

Auf die in den 50er Jahren propagierte Aufgabenteilung – sie kümmert sich um den Haushalt und die Kinder, er um das Geld – kann sich heute also keine mehr verlassen. Keine Mutter und Gattin kann darauf bauen, dass ihre reproduktive Arbeit, die dem Ehemann und den Kindern zugutekommt, sie selbst finanziell absichert. Sich nicht um ihre berufliche Situation und Qualifikation zu kümmern, das kann sich, auch wenn eine traditionelle Aufgabenteilung »für ein paar Jahre« sinnvoll scheint, letztlich keine leisten.

Ehegattensplitting

Um Frauen keinerlei Anreize zu geben, sich allein auf die Reproduktionsarbeit zu konzentrieren, sprechen sich auch viele gegen das Ehegattensplitting aus. Beim Ehegattensplitting wählt der Besserverdienende eine günstige Steuerklasse, zahlt also wenig Steuern auf ein relativ hohes Gehalt, während der oder die Schlechterverdienende anteilig höhere Steuern zahlt, also weniger vom Gehalt behält. Gemeinsam verfügt ein Paar dadurch über mehr Einkommen als bei der Aufsummierung zweier gleich besteuerter Einzelgehälter.[43] Ein Teil der Grünen würde das Ehegattensplitting lieber heute als morgen aus der Welt schaffen; die Partei ist aber nicht zuletzt damit beim Bundestagswahlkampf 2013 gescheitert und musste herbe Verluste hinnehmen. Die Grünen sprechen sich grundsätzlich gegen das Einverdienermodell aus. Die Anreize für Frauen, sich wenig im Beruf zu engagieren, seien abzuschaffen. Damit könne verhindert werden, dass Frauen nach einer Trennung verarmen und auf Hartz IV angewiesen sind. Sie würden mit der Abschaffung des Ehegattensplittings höhere Rentenansprüche erreichen und seien von ihren Ehemännern finanziell unabhängig.

Letztlich gehe es um nichts weniger als um Freiheit, Selbstbestimmung und das Ende des staatlichen Dirigismus, so die Grünen.[44] Das ist merkwürdig – bei einer Leistung, die doch heute schon freiwillig ist. Nicht nur wird niemand zum Heiraten gezwungen, sondern es bleibt verheirateten Paaren auch selbst überlassen, in welche Steuerklasse sie sich einordnen lassen. Sie können entweder das Ehegattensplitting in Anspruch nehmen oder sich für die Einzelveranlagung entscheiden. Wenn das Label »Selbstbestimmung« also auf etwas geklebt wird, das die Wahlmöglichkeiten faktisch verkleinert, muss es um etwas noch Größeres gehen, bei dem man sich nicht mit solchen profanen Widersprüchlichkeiten aufhalten muss. Und tatsächlich: Es handelt sich um nichts weniger als um die Frage, ob die Ehe zukünftig eine Wirtschaftsgemeinschaft bleibt oder die Atomisierung der Gesellschaft weiter voranschreiten soll und endgültig jeder und jede Einzelne finanziell für sich selbst verantwortlich ist. Beim Ehegattensplitting wird das Ehepaar als eine Person mit nur einem Einkommen betrachtet. Egal wer das Geld nach Hause bringt, es gehört beiden. Dahinter steht ein anderes Verständnis von Gleichberechtigung als heute üblich; die Arbeit zu Hause und die Arbeit außer Haus werden ökonomisch gleichgesetzt. Die Vorstellung, dass man als Ehepaar eine Person ist und als solche behandelt wird, wirkt in heutigen Zeiten antiquiert und ist für die heutigen Sozialcharaktere oftmals kaum mehr nachvollziehbar. Das Ehegattensplitting kann dann nur noch als merkwürdiges Steuergeschenk wahrgenommen werden.

In der *Zeit* wundert sich zum Beispiel Elisabeth Niejahr, dass sie als die Besserverdienende durch das Ehegattensplitting riesige Steuervorteile hatte. In manchen Monaten habe ihr Mann weniger verdient als das Mehr an Einkommen, das sie durch die Steuerersparnis hatte. Ihr kam offenbar nicht in den Sinn, die Steuervergünstigung als ihrer beider Einkommen zu betrachten – obwohl sie angab, mit viel »Respekt vor der Ehe« aufgewachsen zu sein. Aber ihr Respekt gilt wohl eher einem sentimentalen Gefühl. In dieser Gefühlshinsicht solle man füreinander einstehen, so kann man Frau Niejahr verstehen, aber nicht in finanziellen Fragen; damit würde die Abhängigkeit voneinander zu weit gehen.

Diese Einstellung ist tatsächlich heute realitätsgerecht. Auch die Ehe von Frau Niejahr wurde nach nicht langer Zeit geschieden, und ihr Ehemann hätte dumm dagestanden, wenn er sich auf den Steuervorteilen ausgeruht und seine Karriere als Fotograf nicht weiter vorangetrieben hätte.[45] Die Ehe wird heute mehrheitlich also nicht so sehr als eine Versorgungseinrichtung denn vielmehr als ein eher romantischer Liebesbeweis gelebt, der einem die ewige Ergebenheit des Partners sichern soll, zumindest bis zur nächsten Trennung.

Hegel würde sagen, dass die Ehe ganz schön auf den Hund gekommen ist. Zu seiner Zeit war nicht vorstellbar, dass die Ehe auf so etwas Unberechenbarem wie den Leidenschaften beruhen könne; für Hegel beruhte das »geistige Band der Ehe« einerseits auf Monogamie und

andererseits auf der Sorge für die übrigen Familienmit-
glieder. Dadurch würden sich Eigensucht und Begierde
in etwas Sittliches verwandeln. Für Hegel war die Ehe
also die Bedingung von Freiheit, nämlich die Freiheit
von den Begierden.[46]

Die Freiheit, die die Grünen und Elisabeth Niejahr
meinen, ist eine ganz andere. Die Liebe solle sich frei von
allen wirtschaftlichen Verpflichtungen entfalten. Das Versprechen auf Monogamie müsse, zumindest bis zur Scheidung, weiterhin durch den Staat gesichert werden – aber
für sein wirtschaftliches Auskommen solle jeder und vor
allem auch jede selbst verantwortlich sein. Damit weist
die Diskussion um die Abschaffung des Ehegattensplittings in die gleiche Richtung wie das bereits reformierte
Unterhaltsrecht.

Die aktuelle Auffassung von Ehe oder Partnerschaft
als einer hoffentlich lang währenden, aber häufig vor-
übergehenden Beziehungsform ohne finanzielle Verbind-
lichkeiten hat auch Folgen für das Kinderkriegen und das
Kinderaufziehen. Die meisten Frauen überlegen bei einer
Entscheidung für oder gegen ein Kind, ob sie es notfalls
auch alleine versorgen könnten. Diese Erwägungen sind
realistisch. Die Zahl der Alleinerziehenden-Haushalte,
die zu 90% von Frauen geführt werden, steigt.[47] Möglicherweise prägt die nahezu alleinige Entscheidung der
Frauen für ein Kind auch die folgenden Jahre der Versorgung und Erziehung. Da die Mütter alles – Lohnarbeit,
Haushalt, Erziehung – können müssen, bedürfen sie eigentlich keiner guten Ratschläge. Wozu dann die Väter?
Sie können helfen, verdienen im besten Fall auch Geld
und können als Bezugsperson für das Kind wichtig sein

– haben allerdings nicht viel zu sagen, wenn es um Entscheidungen geht, die das Kind betreffen. Mit ein bisschen Übertreibung könnte man sagen: Alle Mütter sind alleinerziehend.

Dieses Konzept funktioniert aber eben nicht wirklich. Viele Alleinerziehende sind auf Arbeitslosengeld II angewiesen. Sie finden keine Stelle, weil die Kitazeiten nicht mit den Arbeitszeiten kompatibel sind. Sehr oft sind auch die Väter mit den Unterhaltszahlungen im Rückstand, für ein paar Jahre übernimmt dann das Amt.[48] Die meisten Alleinerziehenden arbeiten, müssen aber mit »Transferleistungen« aufstocken. Der Staat übernimmt so häufig die traditionelle Ernährerfunktion. Ein Kind alleine aufzuziehen und gleichzeitig Geld zu verdienen klappt in den meisten Fällen nur dann, wenn Großmütter, Geschwister oder Freunde und Freundinnen helfen; sei es, um den Alltag trotz der ersten Zähne und Kitaschließzeiten gerade so meistern zu können, sei es, weil man selbst auch mal in die Kneipe möchte. Die Freundinnen ziehen jedoch häufig weg, haben eine neue Stelle und keine Zeit mehr oder bekommen selbst Kinder. In der Regel sind es dann doch wieder Verwandte, die sich verbindlich und über einen langen Zeitraum hinweg um das Kind kümmern. Die Familie ist tot, es lebe die Familie.

Kitaausbau und Betreuungsgeld

Wenn also Mütter genauso wie Väter arbeiten sollen, dann muss es auch Betreuungsmöglichkeiten für die Kleinen geben. Die EU-Justizkommissarin Viviane Reding mahnte im November 2012 an, dass Deutschland einen erheblichen Nachholbedarf bei der Vereinbarkeit von Beruf und Familie habe. Damals fehlten noch 220.000 Kitaplätze, um den Rechtsanspruch auf Betreuung ab dem ersten Lebensjahr vom August 2013 an sichern zu können. Das Betreuungsgeld sollte nicht als billiger Ersatz dafür herhalten, wenn der Staat diese Zusage nicht einhalten könne.[49]

Inzwischen sind zwar tatsächlich mehr Kitaplätze eingerichtet worden, aber um den vermuteten Bedarf zu decken, fehlen immer noch 90.000 Plätze. Zudem sind die Angebote regional sehr unterschiedlich. So ist in manchen ländlichen Regionen Bayerns, aber auch in vielen Städten Nordrhein-Westfalens das Angebot deutlich geringer.[50] Insgesamt ist das Gesetz ohnehin sehr schwammig: Gibt es nur dann einen Anspruch auf einen Ganztagsplatz, wenn beide Eltern arbeiten? Wie weit darf die Kita vom Wohnort entfernt sein? Muss man sich mit einer Tagesmutter zufrieden geben? Darf man Ansprüche an die Qualität und an das pädagogische Konzept stellen? Mit der Qualität sieht es ohnehin nicht besonders gut aus. Laut einer Bertelsmann-Studie fehlen 120.000 Kita-Erzieher und -Erzieherinnen, um den von Erziehungswissenschaftlerinnen empfohlenen Betreuungsschlüssel für die unter Dreijährigen von eins zu drei zu erfüllen.

Die Klagewelle ist jedoch trotz aller Mängel ausgeblieben, was weniger an einer massenhaften Entscheidung für das Betreuungsgeld lag als an anderen Faktoren. Zum einen sind Kitaplätze oft so teuer, dass sich für manche eine Berufstätigkeit kaum lohnt. Die Gebühren sind regional sehr unterschiedlich und können schon von Gemeinde zu Gemeinde variieren. In der Regel sind sie zwar nach

Einkommen gestaffelt, aber auch Frauen aus der Mittelschicht haben häufig keine hochdotierten Jobs.

Ferner wurden alternative Lösungen für die Kinderbetreuung gefunden. Vor allem in den westlichen Bundesländern mit geringen Kitakapazitäten wie NRW wurden, forciert von der ehemaligen Familienministerin Kristina Schröder, Tagesmütter und Tagesväter angeworben.[51] In NRW werden 30% der Kinder von Tagesmüttern betreut, bundesweit sind es 15%. Tagesmütter haben häufig selbst Kinder und betreuen weitere Kinder in ihrer Wohnung. Verpflichtend ist eine kurze Fortbildung von 160 Stunden, tatsächlich hat etwa ein Drittel der Tagesmütter zusätzlich noch eine fachliche Ausbildung. Allerdings ist das ein anstrengender und finanziell nicht sonderlich lohnender Beruf: Die meisten Tagesmütter arbeiten allein, und zwar 50 bis 60 Stunden die Woche. Sie gehen häufig nicht nur sehr flexibel auf die Wünsche der Eltern ein, sondern müssen nebenher noch kochen, einkaufen und putzen. Die Frauen sind selbstständig und verdienen circa 2000 Euro brutto.[52] Davon müssen sie sich selbst versichern, Steuern zahlen und für alle Betriebskosten aufkommen. Davon zu leben ist oft nur schwer möglich, allenfalls für Frauen von halbwegs gut verdienenden Männern. Die Job-Center raten von der Berufswahl Tagesmutter auch häufig ab, weil man auf diese Weise nicht aus dem Hartz-IV-Bezug herauskomme. Für die Kinder ist diese Art der Betreuung unter heutigen Verhältnissen sicherlich nicht die schlechteste Lösung. Die Tagesmütter sind jedoch bei solch miserablen Arbeitsbedingungen vollkommen überlastet und können nur durch Selbstausbeutung eine qualitativ hochwertige Betreuung gewährleisten.

Der Ausbau der Kleinkindbetreuung, der eine bessere Vereinbarkeit von Beruf und Familie ermöglichen sollte, wird so auch auf den Rücken von Frauen ausgetragen, die häufig für sich selbst versuchen, Beruf und Familie zu vereinbaren. In einigen Städten wie Düsseldorf oder Essen – wo viele Kitaplätze fehlten – konnten sich Tagesmütter mit ausgefeilten Programmen auf Wohlhabende spezialisieren und so ein höheres Einkommen erzielen. Seit dem 1. August 2014 besteht in NRW ein Zuzahlungsverbot,[53] um das eigentlich soziale Ziel »Tagesmütter für alle« zu realisieren. Damit werden jedoch die schlechten Verhältnisse auf alle ausgeweitet. Höhere staatliche Zuschüsse erachtet der Staat offenbar als nicht notwendig, kann er doch ganz auf die bis jetzt funktionierende Struktur vom einem meist männlichen Hauptverdiener und dem weiblichen Zusatzeinkommen als Tagesmutter vertrauen.

In der Kritik von Feministinnen am eher schleppend voranschreitenden Kitaausbau standen aber nur selten Kitakosten oder die Arbeitsbedingungen in den Tagespflegeeinrichtungen im Vordergrund, sondern hauptsächlich das Betreuungsgeld. In dieser Diskussion wird manchmal der Eindruck erweckt, als würden plötzlich alle Kinder aus der Kita genommen. In Wirklichkeit hat in den letzten Jahren ein rasanter Wandel in der Kleinkindbetreuung gerade in die andere Richtung stattgefunden, was in seinem vollen Ausmaß – vor allem hinsichtlich der westdeutschen Verhältnisse – kaum Beachtung findet. So besuchten im Jahr 2006 nicht mehr als 13,6% der unter Dreijährigen eine Kita, heute sind es 32,9%.[54] Dieser Trend liegt sicherlich daran, dass – 150 Euro hin,

150 Euro her – es sich viele Frauen nicht leisten können, länger aus dem Beruf auszusteigen. Betreuungsgeld ist ein kleines Schmankerl, wenn der Haupternährer die Familie ohnehin schon durchbringen kann. Das Betreuungsgeld wird oft als »Herdprämie« denunziert, dies ist aber nur die halbe Wahrheit. Denn auch das Betreuungsgeld schließt die Berufstätigkeit beider Eltern nicht aus. Es ist ausschließlich an die Bedingung geknüpft, dass das Kind keine staatliche oder staatlich bezuschusste Einrichtung besucht; die Indienstnahme von Au-pairs, Kinderfrauen oder -männern oder das Einspringen der Großeltern ist also möglich.

Sicherlich ist es richtig, dass Befürworter und Befürworterinnen des Betreuungsgeldes oft reaktionäre Argumente vorbringen, die allesamt die Mutter als beste Betreuerin ihres Kleinkinds propagieren. Die Gegnerinnen und Gegner des Betreuungsgeldes äußern sich jedoch oft auch nicht viel sympathischer. Sie verbinden ihre Kritik mit zum Teil rassistischen Stereotypen. So gilt es ihnen als besonders problematisch, wenn Familien mit geringerer Bildung als sie selbst oder Familien mit Migrationshintergrund das Betreuungsgeld beantragen. Deren Kindern, so die Behauptung, mangele es grundsätzlich an einem anregenden Umfeld, und gerade sie benötigten früh Anreize zum deutschen Spracherwerb. Pünktlich zum einjährigen Betreuungsgeldjubiläum Ende Juli 2014 wurde denn auch eine Studie[55] publik gemacht, die zu bestätigen schien, dass es sich bei den Beziehern und Bezieherinnen überwiegend um arme Familien und Migranten und Migrantinnen handele. Die Grünen und die SPD stürzten sich auf diese ihnen sehr gelegen kommenden Ergebnisse, um gegen das Betreuungsgeld zu polemisieren. Doch stellte sich schnell heraus, dass die Studie überhaupt nicht die Realität abbildete, sondern schon vor der Einführung des Betreuungsgeldes im Frühjahr 2012 erstellt wurde. So konnte nur eruiert werden, welche sozialen Gruppen das Betreuungsgeld gern beantragen würden, aber nicht, wer es dann tatsächlich tat. Da diese Leistung auf das ALG II angerechnet wird, dürften Wunsch und Wirklichkeit oft auseinanderklaffen. Konservative Befürworterinnen behaupten, dass es quer durch alle gesellschaftliche Schichten nachgefragt werde – mit der Diskussion betritt man ein großes Minenfeld, doch stets bleibt unklar, wer das Betreuungsgeld wirklich in Anspruch nimmt.

Sicher ist jedoch, dass die pauschale Behauptung, Migranten, Migrantinnen und Menschen ohne Abitur würden ihre Kinder in den ersten drei Jahren schlechter erziehen als deutsche Akademikerinnen und Akademiker, eine Unverschämtheit ist. Alle Studien, die zur Untermauerung der Wichtigkeit frühkindlicher Einflüsse herangezogen werden, beziehen sich ohnehin erst auf Kinder ab dem dritten Lebensjahr. Und ob es in den Kitas bei dem schlechten Betreuungsschlüssel wirklich gelingt, Kindern die deutsche Sprache gut beizubringen und sie in ihren individuellen Fähigkeiten zu fördern, ist eher fraglich.

Gegnern wie Befürwortern des Betreuungsgeldes geht es im Grunde um dasselbe: Sie wollen aus Kindern gute Staatsbürger und Arbeitskräfte machen. Sie sind nur jeweils recht dogmatisch in der Auffassung, welcher Weg nun wirklich nach Rom führt: Kitabildung oder die enge

Bindung an die Mutter. Der eigentliche Skandal liegt jedoch in der Forderung an Einjährige, sich schon in diesem Alter auf die Verwertung als Arbeitskraft vorzubereiten. Diesem Ziel sind letztlich beide Parteien verpflichtet; die Gegner des Betreuungsgelds formulieren es nur deutlich offener und ohne jede Scham.[56]

Eine ebenso häufig formulierte Kritik am Betreuungsgeld lautet ferner, dass es falsche Anreize setze. Befürchtet wird, dass vor allem Frauen, die im Niedriglohnbereich arbeiten, wegen des Betreuungsgeldes länger zu Hause bleiben könnten. Allen Ernstes wird behauptet, das werfe die Emanzipation der Frau zurück. Es ist jedoch albern zu behaupten, dass es ein großer Rückschritt ist, wenn Frauen mal ein oder zwei Jahre nicht für 400 Euro bei Lidl an der Kasse sitzen. Emanzipation wird verwechselt mit dem Einsaugen von Arbeitskraft durch den Arbeitsmarkt. Die Frage nach dem spezifischen Inhalt der Arbeit wird genauso wenig gestellt wie die, ob Arbeit nicht auch hinderlich für den Emanzipationsprozess sein kann.

Elterngeld

Das Interesse des Staates an Kindern und an Erwerbstätigen ist offenbar groß genug, um bei den bislang geschilderten Maßnahmen nicht stehenzubleiben, denn: Mehr Kinder kommen in Deutschland bislang nicht auf die Welt. Und man kann sich auf den Kopf stellen: Sofort nach der Geburt eines Kindes wieder arbeiten zu gehen gelingt nur Familienministerinnen. Alle anderen sind froh, wenn Kind und Eltern schlafen und essen und nicht ganz den Kopf verlieren.

2007 wurde also das Elterngeld eingeführt. Es soll den Eltern ermöglichen, mit der Arbeit zu pausieren oder sie zu reduzieren, um sich um ihre kleinen Kinder zu kümmern und anschließend wieder zufrieden arbeiten zu gehen. Elterngeld wird längstens für 12 bzw. 14 Monate gezahlt. Passt die Lebensweise der Eltern aber nicht ganz ins traditionelle Schema, ist es nicht einfach, Elterngeld zu bekommen. Leben Vater und Mutter beispielsweise in verschiedenen Wohnungen, hat nur der oder die Anspruch darauf, bei dem oder der das Kind seinen Erstwohnsitz hat. Homosexuelle Paare müssen verpartnert sein, damit beide Anspruch haben und auch die 14-monatige Bezugsdauer möglich ist.[57]

Am Elterngeld zeigt sich, dass der Staat nicht an Kindern an sich interessiert ist, sondern vor allem am Nachwuchs gut verdienender Mütter. Anders nämlich als das zuvor gewährte Erziehungsgeld ist das Elterngeld eine Lohnersatzleistung. Es wird in Höhe von 60 bis 100% des vorherigen Einkommens gezahlt und soll für die Absicherung des bisherigen Lebensstandards nach der Geburt eines Kindes sorgen. Es fällt also möglicherweise höher aus als die bis 2007 gezahlte Pauschalleistung, von der niemand seine Miete bezahlen konnte.[58] Hat man jedoch heute vor der Geburt des Kindes kein oder nur ein geringes Einkommen oder verdiente als Selbstständige ausgerechnet im Berechnungszeitraum wenig oder nichts, so ist man zwar elterngeldberechtigt, hat aber mit dem Mindestsatz von 300 Euro keine Chance, sich irgendwie über Wasser zu halten. Ist man Hartz-IV-Empfängerin, bekommt man gar kein Elterngeld, da es mit dem Satz vom Jobcenter verrechnet wird.

Das Elterngeld ist also weder dazu geeignet, Kinderarmut zu verringern, noch dazu, Geringverdienenden den Arbeitsalltag mit Kind zu erleichtern. Es zielt somit keineswegs darauf, die Erziehungsarbeit aller Eltern als gesellschaftliche Aufgabe anzuerkennen und möglichst materiell abzusichern. Diejenigen, die vor der Geburt des Kindes materiell schon gut dastanden, werden bei der Vereinbarkeit von Familien- und Erwerbsarbeit unterstützt, alle anderen nicht.

Das Interesse des Staates an Kindern von Besserverdienenden ist vermutlich nicht nur der Angst von Staatsangestellten geschuldet, auf einem Kongress auf junge Kollegen und Kolleginnen zu treffen, die nicht mit einer Hummerzange umzugehen wissen. Noch jede Statistik oder Untersuchung belegt, dass im deutschen Bildungssystem die Abschlüsse von Jugendlichen sehr stark von denen ihrer Eltern abhängen. Junge Leute mit einem einfachen Schulabschluss werden jedoch höchstens noch als Pflegekräfte gebraucht. Daher ist es nur folgerichtig, wenn der Staat auch in der Bevölkerungspolitik auf die zur Lohnarbeit besser Qualifizierten setzt. Darüber hinaus ersparen ehrgeizige Eltern dem Staat auch kurzfristig einiges an Kosten. Kinder, die bereits vor Schulantritt lesen und schreiben können, sparen Personal. Von Kindern, die still sitzen und sich ihren Lernstoff schön selbst erarbeiten können, weil sie das zu Hause gelernt haben, passen 30 in einen Klassenraum, und Eltern, die sich selbst um die Therapiestunden für ihre Kleinen bemühen, brauchen keine Schulpsychologinnen und Sozialarbeiter. Haben es die Eltern ferner geschafft, dem Nachwuchs beruflichen und materiellen Ehrgeiz zu vermitteln – und können durch ihr eigenes materielles Wohlergehen auch glaubhaft machen, dass sich Strebsamkeit irgendwann auszahlt –, so steht dem Heranwachsen zur hochqualifizierten Arbeitskraft eigentlich nichts mehr im Weg, allenfalls Depressionen.

Seit seiner Einführung gibt es zahllose Statistiken und Studien, die den Effekt des Elterngeldes untersuchen. Ein Ergebnis dieser Studien ist, dass das Ziel, die Geburtenrate zu erhöhen, kaum erreicht wurde. Je nachdem, welche statistischen Methoden angewandt werden, wird ihr allgemeiner leichter Anstieg behauptet[59] oder negiert[60]. Ein weiteres Ergebnis ist, dass sich auch die traditionelle Zuständigkeit von Müttern für ihre Kinder nicht wesentlich abgebaut hat. Die meisten Mütter bleiben ein Jahr zu Hause, die meisten Väter nur maximal zwei Monate.[61]

Ein anderes Ziel des Elterngeldes wurde jedoch erreicht: Mütter kehren schneller in den Beruf zurück und arbeiten dann mehr Wochenstunden als vor der Einführung des Elterngelds.[62] Das aber ist offenbar immer noch nicht schnell genug. Mit dem ElterngeldPlus sollen ab 2015 vor allem Mütter dazu ermuntert werden, noch rascher in den Beruf zurückzukehren,[63] indem Teilzeitarbeit schon im ersten Babyjahr finanziell gefördert wird. Damit bei all dieser Lohnarbeit aber überhaupt Zeit für die Kinderversorgung bleibt, gibt es ferner Anreize dafür, dass sowohl Mutter als auch Vater die Arbeitszeit reduzieren. Auf den ersten Blick sieht das zwar nach einer recht ausgewogenen Verteilung von Familien- und Lohnarbeit aus. Hört man aber den Lobgesang von Eric Schweitzer, dem Präsidenten der DIHK, so wird klar, dass das ElterngeldPlus keineswegs Eltern ermöglichen soll, ab und zu mal ein Stündchen bei der Lohnarbeit zu erscheinen. Ziel ist vielmehr, so Schweitzer, »dass Eltern den Kontakt zur Arbeitswelt schon während der Elternzeit gar nicht erst verlieren und vollzeitnahe Arbeitszeitmodelle unter dem Strich die Fachkräftepotenziale von Eltern besser heben«.[64]

Man kann sich nicht recht vorstellen, wie das funktionieren soll. Es scheint unrealistisch, dass beide Eltern »vollzeitnah« arbeiten, ein kleines Kind versorgen und ihre Sinne noch beieinander haben. Auch bislang arbeiten die meisten Frauen nach dem ersten Jahr Elterngeld in Teilzeit, Väter nur höchst selten.[65] Vermutlich werden auch mit dem ElterngeldPlus vor allem Frauen ihre Lohnarbeitsstunden stärker reduzieren als die Männer. Damit werden die Mütter weiterhin finanziell schwächer gestellt sein und den Stress aushalten müssen, sowohl für die Kinder als auch für die Lohnarbeit immer zu wenig Zeit zu haben.

»Familienfreundliche Unternehmen«

Die »Belastung« der Arbeitskräfte durch deren familiäre Aufgaben bringt einige Unternehmen dazu, sich zu einem »familienfreundlichen« Betrieb umzuorganisieren, um die Beeinträchtigung der Leistungsfähigkeit der Mitarbeiterinnen und Mitarbeiter zu minimieren. Diese Unternehmen werden vom Staat ermuntert,[66] denn der versucht, beide Ziele – einerseits ein Investitionsparadies Deutschland zu schaffen, in dem es von stets verfügbaren und hochqualifizierten Arbeitskräften nur so wimmelt, und andererseits diese Arbeitskräfte dazu zu bewegen, möglichst viele Kinder in die Welt zu setzen – unter einen Hut zu bringen.

Die Ziele solcher »familienfreundlichen« Umstrukturierungen werden auf den diversen privaten und staatlichen[67] Internetseiten klar benannt. Es ist zwar auch von »gesellschaftlicher Verantwortung«[68] die Rede, aber vor allem wird dem Betrieb versprochen, dass sich die Maßnahmen für ihn selbst auszahlen. Übereinstimmend wird erklärt, dass es vor allem darum gehe, hochqualifizierte Arbeitskräfte zu gewinnen oder im Betrieb zu halten, sowie darum, die Produktivität der Arbeit zu erhöhen.[69]

Tatsächlich kann es sich für ein Unternehmen lohnen, »familienfreundliche Arbeitsplätze« einzurichten. Arbeitgeber können sich nicht mehr darauf verlassen, dass ihren männlichen Mitarbeitern »der Rücken frei gehalten wird«; dass also immer eine Hausfrau da ist, die die Wäsche wäscht, die Kinder versorgt und vorbildlich fördert und sich unter Umständen auch noch um die pflegebedürftig werdenden Eltern kümmert. Unternehmen möchten auch nicht auf qualifizierte weibliche Arbeitskräfte verzichten; die aber kommen nicht bei den Unternehmen an, solange es keine oder nur miserable Betreuungsmöglichkeiten gibt.[70] Das war bis vor Kurzem im alten Westen Deutschlands der Fall, wo die Kinderbetreuung gleich nur halbtags geschah; die Zeit ohne Kinder also gerade mal reichte, um die Küche zu fegen und in Ruhe das Mittagessen vorzubereiten.

Nun wurde also eine Reihe von Regelungen ersonnen, die ein Unternehmen familienfreundlich machen sollen. Es handelt sich dabei nicht etwa um Veränderungen, die es Eltern ermöglichen, ihren Arbeitstag halbwegs entspannt zu absolvieren, da das Familienleben schon anstrengend genug ist (im Büro sitzen, Radio hören, in die Kantine gehen); vielmehr geht es um Arbeitsbedingungen, die es Eltern ermöglichen sollen, produktiver als zuvor zu arbeiten. Angeboten werden Kinderbetreuung und flexible Arbeits- und Präsenzzeiten ebenso wie die Möglichkeit für Mitarbeiter, die existierenden staatlichen Fördermaßnahmen wie Elternzeit in Anspruch zu nehmen. Auch Eltern-Kind-Büros werden empfohlen, wo der Nachwuchs mit 40 Grad Fieber in der Nähe der hochkonzentriert arbeitenden Eltern vor sich hin weinen kann. Ferner wird vorgeschlagen, einfache Reproduktionstätigkeiten an private Dienstleistungsunternehmen auszulagern.[71] Wäschewaschen, Bügeln und Kochen kann also von Leuten übernommen werden, die einen geringeren Stundenlohn als die »hochqualifizierte« Mitarbeiterin verlangen.

Von dem Anspruch des Unternehmens, stets hochleistungsbereite Arbeitnehmerinnen zur Verfügung zu haben, wird also keinen Deut abgewichen; lediglich die Modalitäten der Erbringung der Leistung werden geringfügig verändert.

Auch an der Uni wird Professoren und Mitarbeitern Unterstützung in familiären Situationen angeboten. Allseits qualifizierte Dienstleister übernehmen nicht nur in Notfällen das Hin- und Herchauffieren der Kinder, die Betreuung von Säuglingen während der Konferenzen und die Nachhilfestunden für den Nachwuchs,[72] sondern können auch gleich die Arbeit der Professoren miterledigen, wenn diese aus familiären Gründen ausfallen.[73] Man kann vor diesen »Mädchen für alles« nicht genug Hochachtung haben, da sie gleichermaßen fremdelnde Kleinkinder wie ehrgeizige Studierende zu betreuen wissen.

Diese Dienstleistungen können es einzelnen Frauen (und Männern) sicher ermöglichen, Geld zu verdienen. Es wäre jedoch kurzsichtig anzunehmen, dass solche Maßnahmen die Arbeitssituation von Frauen im Allgemeinen verbesserten. Organisiert werden sollen sie vornehmlich als Kooperation mit freien Trägern und Dienstleistungsunternehmen. Faktisch erbracht werden sie aber vermutlich einfach von anderen Frauen. Was ist dann mit deren Kindern und pflegebedürftigen Eltern? Dass der Wäscherin, Tagesmutter und Küchenhilfe selbst wieder jemand an die Hand gegeben wird, der oder die ihre Wäsche, Kinderbetreuung und Küchenarbeit übernimmt, ist kaum zu erwarten. Auch für Kassiererinnen und Putzkräfte werden wohl eher selten familienfreundliche Arbeitszeiten und Eltern-Kind-Arbeitsplätze eingerichtet. Familienfreundlichkeit gilt nur für »hochqualifizierte« Lohnarbeiter, und so wird es auch freimütig formuliert: »einer ihrer qualifizierten Beschäftigten …«[74] Die Rechnung ist einfach: Durch die Bereitstellung persönlicher Dienstleistungen entstehen Kosten, und das lohnt sich nur für teure Arbeitskräfte.

Bedarf an persönlicher Unterstützung haben jedoch alle Eltern. Schließlich sind es nicht nur internationale Kongresse außerhalb der Regelarbeitszeit, die Eltern daran hindern, ihr Kind vom Kindergarten abzuholen, sondern auch Arztbesuche oder Termine beim Jobcenter; es werden auch nicht nur die Kinder der Oberschicht krank. Diejenigen nun, die bei der Sicherung ihres Lebensunterhaltes sowieso schon schlechtere Karten haben, da sie über eine schlechtere Ausbildung verfügen, weniger verdienen und somit gezwungen sind, auch schlechte Jobs anzunehmen, werden in die Strategien von Wirtschaft und Regierung kaum einbezogen und erhalten ungleich weniger Unterstützung im täglichen Stress, Arbeit und Kinder oder die Pflege älterer Familienangehöriger miteinander zu vereinbaren. Gering verdienenden Eltern wird, wenn sie Glück haben, ein je nach Wohnort teurer oder günstiger Kindergartenplatz angeboten; alles darüber hinaus wird jedoch vermutlich nach wie vor Großmüttern und den älteren Geschwistern aufgehalst.

Wie belastbar will ich sein?

Die »Vereinbarkeit« von Lohnarbeit und Familie ist jedoch nicht nur eine Frage des Geldes, das Staat und Wirtschaft bereit sind auszugeben, sondern auch eine Frage der Belastbarkeit der Lohnarbeiter und Lohnarbeiterinnen. Besser formuliert: Wie hoch ist deren Bereitschaft, ein unsinnig anstrengendes Leben zu führen? Unternehmer wie Regierung sind offenbar der Ansicht, dass Eltern durchaus willig sind, ihr Leben noch ein bisschen gehetzter zu gestalten.

Die staatlichen Reformen wie auch die Hoffnungen der Unternehmen in die »Vereinbarkeit« von Job und Familie verlangen den lohnarbeitenden Eltern eine Intensivierung der Arbeit ab.

Die höhere Produktivität der angewendeten Arbeitskraft, die durch familienfreundliche Maßnahmen in Unternehmen erzielt werden soll, ist schön für das Unternehmen, aber schlecht für die Arbeitnehmerinnen und Arbeitnehmer. Eltern-Kind-Arbeitszimmer können nützlich sein; ob man allerdings auch die senile Mutter mitbringen kann oder wie man arbeiten soll, wenn das Kind einen alle zwei Sekunden auffordert, mit einem zu spielen, ist nicht klar. Die Betreuung von sehr jungen und sehr alten Menschen erfordert persönlichen und verbindlichen Kontakt, der nicht beliebig wechseln kann, wie das in der Werbung für familienfreundliche Unternehmen für »Notsituationen« vorgeschlagen wird: Babys lassen sich nicht von allen trösten, alte Menschen wollen nicht wahllos jemanden zum Erzählen haben, sondern schätzen – wie alle – Menschen, die man kennenlernen kann und die auch wiederkommen. Genauso gut könnte der Arbeitgeber einem einen professionellen Gatten nach Hause schicken; der eigene sei noch in einer Besprechung. Nach einem Arbeitstag mit der Mutter und dem kranken Kleinkind im Eltern-Kind-Büro wird sich hoffentlich jeder und jede vornehmen, sich das nächste Mal doch lieber krankzumelden und das schlechte Gewissen, wieder mal nicht belastbar genug gewesen zu sein, in Kauf zu nehmen.

Auch wenn beide Elternteile – nach dem Modell des ElterngeldPlus – bald nach der Geburt eines Kindes wenigstens in Teilzeit wieder in die Lohnarbeit einsteigen, ist anzunehmen, dass ihre Belastung steigen wird. Sei es durch ihre Bereitschaft, sich als nützliche oder gar »hochqualifizierte« Arbeitskraft zu gebärden, sei es durch die konkreten Anforderungen des Jobs: Teilzeitstellen luden schon immer dazu ein, das Pensum einer vollen Stelle abzufordern.

Für Eltern wäre es hilfreich, insgesamt sehr viel weniger Lohnarbeit leisten zu müssen, hilfreich wäre es auch, wenn von ihnen eine geringere Intensität der Arbeit erwartet würde. Angestrebt wird aber das Gegenteil: Durch ein paar flankierende Maßnahmen sollen Eltern zu Hochleistungen im Beruf gebracht werden.

Das gilt sogar für diejenigen, die nicht Zielgruppe der Sozialreformen sind, da sie nicht als »hochqualifiziert« gelten, und deren Kindern nicht in Aussicht gestellt wird, dass sie es einmal sein werden. Egal wie schlecht die Bezahlung ist: Sofern Kindergartenplätze zur Verfügung stehen, gilt dem Jobcenter eine Vollzeitstelle auch Alleinerziehenden als zumutbar. Bekommt das Kind nun einen Kitaplatz, der von Wohnort und Arbeit weit entfernt ist, hat man einen gehetzten und anstrengenden Arbeitstag – ohne dadurch eine irgendwie annehmbare Arbeit und ausreichend Geld zu haben.

Zu dem Druck der Lohnarbeit kommt die bereits beschriebene Anforderung, die Kinder möglichst früh und umfassend zu fördern, hinzu. Diesen Anspruch formulieren zumindest Mittelschichtseltern von sich aus. Ihre Angst um die Zukunft ihrer Kinder scheint gewachsen zu sein. Möglicherweise wird die Erfahrung, in der Konkurrenz auf dem Arbeitsmarkt nicht oder nur mühsam zu bestehen, in Form von panischer Förderung an den Nachwuchs weitergegeben. Auch herrscht offenbar die Einschätzung vor, dass sich Kinder nicht in erster Linie selbst zu klugen und freundlichen Menschen entwickeln, sofern sie in einer liebevollen und zuverlässigen Umgebung aufwachsen. Stattdessen wird schon kleinen Kindern von Spezialistinnen und Spezialisten eine »richtige«

Beschäftigung antrainiert – Musik, Sport, Religion –, anstatt sie einfach spielen zu lassen.

Lohnarbeit, Hausarbeit, ständige Förderung und institutionelle Freizeitbetreuung des Nachwuchses erfordern eine Menge Organisationsaufwand. Diese Versiertheit, 100 Sachen gleichzeitig zu erledigen und dabei noch die nächsten 200 zu planen – dabei stets freundlich und aufgeschlossen –, wird gelegentlich als unermessliche Ressource für Unternehmen gefeiert.[75] Eltern seien sozialkompetent, effektiv und geübt im Krisenmanagement. Wer es schaffe, Kinder nach den aktuell geltenden Idealen aufzuziehen, sei per se schon für Positionen im mittleren Management geeignet. Das mag durchaus richtig sein – doch wer will das? Tägliches Krisenmanagement im Privatleben ist keine Fähigkeit, die man irgendwann einmal *hat*, sondern bedeutet tägliche Anstrengung. Wer zu Hause schon viel zu tun hat, bräuchte daher, wenn überhaupt, eher eine Lohnarbeit, die ein wenig Anerkennung, ausreichend Geld und etwas Entspannung bietet – solche Jobs sind mit Sicherheit keine hochbezahlten Führungspositionen, wenn auch genauso rar wie diese.

Es ist unserer Ansicht nach großartig, dass Frauen nicht mehr so häufig wie in den 50er Jahren vom Wohlwollen und vom Geld ihres Gatten abhängig sind und dadurch eher die Möglichkeit haben, selbst darüber zu bestimmen, wie sie leben und was sie arbeiten möchten. Dennoch ist unserer Einschätzung nach festzustellen, dass die Freisetzung der Hausfrau und Mutter aus der Familie bei gleichzeitigem Fortbestehen ihrer Zuständigkeit für die Reproduktion ihre Belastung verstärkt hat. Obwohl der Zugang zum Arbeitsmarkt wie der Zwang zur Lohnarbeit formell für Frauen und Männer gleich ist, obwohl familienfreundliche Unternehmen um Väter *und* Mütter werben und die Elternzeit beiden Geschlechtern offensteht, obwohl also die Zuständigkeit von Frauen für die Kinder nicht mehr zwingend ist, sind es doch überwiegend Frauen, die die Hausarbeit übernehmen,[76] nach der Geburt eines Kindes länger nicht erwerbstätig sind und die nach einer Trennung die Kinder großziehen.[77] Neuere Regelungen wie das Unterhaltsrecht und ElterngeldPlus, die die Lohnarbeit aller Geschlechter in den Vordergrund stellen, dürften damit Mütter insgesamt stärker belasten als Väter. Kann Elterngeld mit Teilzeitmodellen kombiniert werden, und bietet ein Unternehmen noch dazu familienfreundliche Strukturen an, so wird es als regulär und normal hingestellt, dass kurz nach der Geburt eines Kindes beides gut zu schaffen ist: Lohnarbeit *und* Familie.

Sinn und Zweck des Staatsfeminismus

Ob Ehegattensplitting oder Kindergeld, ob Kitaplätze oder Elterngeld, seit ein paar Jahren stehen alle familienpolitischen Maßnahmen auf dem Prüfstand. 2008 gab das Familienministerium unter der Regie von Ursula von der Leyen zusammen mit dem Finanzministerium eine Evaluation familienpolitischer Ausgaben in Auftrag. Beauftragt wurden ausschließlich Wirtschaftsforschungsinstitute wie das ZEW (Zentrum für europäische Wirtschaftsforschung) und das DIW (Deutsche Institut für Wirtschaftsforschung). 200 Milliarden Euro sollten einer Kosten-Nutzen-Analyse nach folgenden Zielvorgaben unterzogen werden: die Sicherung der wirtschaftlichen Stabilität der Familien, die bessere Vereinbarkeit von Familie und Beruf, die frühe Förderung von Kindern, die Erfüllung von Kinderwünschen und der Nachteilsausgleich zwischen den Familien.

2013 war die Studie dann endlich fertig: Wenig überraschend wurde der deutschen Familienpolitik zu wenig Effizienz vorgeworfen. Gerade die Hauptkostenträger, das Kindergeld und der Kindergeldfreibetrag (Kosten: ca. 40 Milliarden) sowie das Ehegattensplitting (19,8 Milliarden), kamen schlecht weg. Das Kindergeld setze kaum gezielte Verhaltensimpulse hinsichtlich des Arbeitsanreizes von Frauen, und wirklich arme Familien würden nicht davon profitieren, weil es auf Hartz IV angerechnet werde. Auch das Ehegattensplitting komme hauptsächlich Familien mit mittlerem bis höherem Einkommen zugute, und den Frauen fehle dadurch wiederum der Arbeitsanreiz. Positiv bewertet wurden nur der Ausbau der Kindertagesstätten (16,2 Milliarden) und das Elterngeld (4,6 Milliarden), denn aufgrund dieser Maßnahmen gebe es einen signifikanten Anstieg an arbeitenden Frauen gerade in den einkommensschwachen Schichten mit ein- bis zweijährigen Kindern. Durch die Kitas würden die Frauen überhaupt erst in die Lage versetzt, eine Arbeit anzunehmen, und der verkürzte Bezug des Elterngeldes bringe die Frauen schneller zum Arbeiten. Das Kosten-Nutzen-Verhältnis sei hier sehr gut, weil das ausgegebene Geld in Form von Steuern und Sozialversicherungsabgaben wieder zum Staat zurückfließe und sich diese Maßnahmen letztlich selbst finanzierten. »Insgesamt sind in den vergangenen Jahren viele erfolgreiche Maßnahmen wie das Elterngeld oder der Kita-Ausbau eingeführt oder ausgebaut worden«, so lautet das Gesamtfazit der Forscher. »Dennoch ließen sich Verbesserungen erzielen, zum Beispiel, indem man weniger Geld für das Ehegattensplitting ausgibt und statt dessen in den Kita-Ausbau investiert.«[78]

Die Studie der Wirtschaftsinstitute kam – glaubt man den Leserkommentaren unter den jeweiligen Zeitungsartikeln – bei einem Großteil der Bevölkerung nicht so gut an. Ein Leser des *Spiegel* schrieb zum Beispiel: »Die Empfehlungen sind allesamt der Wirtschaft geschuldet. Hier geht es nicht um die potenziellen Mütter und erst recht nicht um die Kinder. Das eindeutig erkennbare Ziel ist die Einbindung möglichst vieler Menschen in den kontrollierten Kreislauf. Mutter arbeitet, zahlt Steuern, gibt Geld für die Kita aus, wo Menschen arbeiten, die wiederum Steuern zahlen und so weiter und so weiter. Zum K…«[79]

Es wurde vielfach kritisiert, dass nur ökonomische Kriterien berücksichtigt würden. Wie gezeigt, geht es ja darum, wie durch möglichst geringe Ausgaben Frauen gleichzeitig dazu gebracht werden können, deutlich mehr Kinder zu gebären und zügig wieder lohnabhängig zu arbeiten. Doch entspricht diese Kosten-Nutzen-Analyse auch den Bedürfnissen der Frauen und ihrer Familie? Laut einer von der Zeitschrift *Eltern* in Auftrag gegebenen Forsa-Studie zu familienpolitischen Wünschen hat das Alleinverdienermodell heute tatsächlich kaum noch Befürworterinnen (6%). Immerhin wollen auch 92% der Frauen arbeiten gehen. Nur Vollzeitstellen für beide Elternteile stehen nicht so hoch im Kurs (13%). Einer hohen Beliebtheit erfreut sich dagegen die Teilzeitstelle für die Frau, während der Mann weiterhin Vollzeit arbeitet (40%), oder auch die »vollzeitnahe« Teilzeitstelle für beide (38%). Da Letzteres bisher noch Wunschdenken ist, weil sich das kaum jemand finanziell leisten kann, hat sich gesamtgesellschaftlich das Zuverdienermodell durchgesetzt. So ist es kaum verwunderlich, dass nur 16% der Befragten Einsparungen beim Ehegattensplitting hinzunehmen bereit sind und sogar nur 2% beim Kindergeld.[80]

Das Alleinverdienermodell hat jedoch nicht nur abgedankt, weil Frauen ökonomisch unabhängig sein wollen, sondern weil sich dieses Modell kaum einer mehr leisten kann. Der Reallohn sinkt in der BRD schon seit den 80er Jahren, und diese Entwicklung konnte nur durch den Beitritt der DDR kurz gestoppt werden. Ab der Jahrtausendwende wurde dieser Trend noch einmal beschleunigt – zwar nicht in jeder Berufsgruppe gleichermaßen, aber im Durchschnitt sank der Reallohn um

1,8%.[81] Dabei ist noch nicht einmal einberechnet, dass das Ausbildungsniveau heute deutlich höher ist als in den 70er Jahren, so dass der Durchschnittslohn eigentlich erheblich hätte steigen müssen. Die Kosten für eine lange Ausbildung werden in diese Reallohnentwicklung ebenso wenig eingerechnet wie die private Rentenvorsorge, die notwendig ist, wenn viele Renten kaum über dem Hartz-IV-Niveau liegen werden. Lange Ausbildungszeiten sind zudem Grund für eine kürzere Lebensarbeitsspanne und bedeuten somit, berechnet auf die Gesamtlebenszeit, deutlich weniger Lohn. Manche Rechnungen kommen deshalb auf gut 15% Kürzung des Reallohns seit den 80er Jahren in der BRD.

Das mittlere Nettoeinkommen beträgt zurzeit 1.413 Euro, das durchschnittliche Bruttoeinkommen liegt bei circa 2.500 Euro.[82] Davon ist kaum eine Familie zu ernähren, vor allem nicht in Gegenden, in denen die Mieten hoch sind. Hier helfen auch die Steuervorteile für Ehepaare und das Kindergeld nur bedingt weiter, zumal nicht wenige Einkommen auch deutlich unter dem Durchschnitt liegen. Immerhin beziehen 1,3 Millionen Menschen zusätzlich zu ihrem Arbeitslohn noch Sozialleistungen. Der Familienlohn hat weitgehend ausgedient; ein Zusatzverdienst ist notwendig, um sich als Paar ein bis drei Kinder leisten zu können. Dass die meisten Mütter nicht Vollzeit arbeiten, liegt aber nicht nur an der zu geringen Dichte adäquater Betreuungsplätze, sondern auch an dem Umstand, dass es gar nicht genug Vollzeitstellen gibt – und es sie auch gar nicht geben kann. Das Arbeitsvolumen – also die Anzahl der Stunden, die insgesamt gearbeitet werden – hat sich von 1960 bis heute kaum geändert, verteilt sich aber auf eine wesentlich höhere Anzahl von Menschen. Waren 1960 rund 26,5 Millionen Menschen erwerbstätig, so sind es heute 44,5. Dass das Arbeitsvolumen gleich geblieben ist, liegt allerdings nur am Beitritt der DDR; bis 1990 war es in der BRD nämlich kontinuierlich gesunken. Würden alle jetzigen Stellen in Vollzeitstellen umgewandelt, wären 13 Millionen Menschen auf einen Schlag arbeitslos.

Neben den ehemaligen DDR-Bürgern waren es hauptsächlich Frauen, die vermehrt in den Arbeitsmarkt eintraten. Ein Blick auf die Frauenerwerbstätigenquote zeigt, dass Deutschland im Vergleich zu den anderen europäischen Ländern rasant aufgeholt hat. 1989 lag die Frauenerwerbstätigenquote in Westdeutschland bei 53,8% und war nur um 6,8% höher als 1960.[83] Bis 2000 erhöhte sich die Quote auf 59%, was ebenfalls nur dem Beitritt der ehemaligen DDR zu verdanken ist, in der die Frauenerwerbstätigkeit schon 1990 bei 78,1% lag.[84] Erst ab 2005 ist ein wirklicher Anstieg zu erkennen, von 59% auf 68% im Jahr 2012.[85] Nur in den skandinavischen Ländern gibt es eine höhere Quote an arbeitenden Frauen. Allerdings sagt die Erwerbstätigenquote nur wenig über die konkreten Stellen aus – weder über die Anzahl der Arbeitsstunden noch über deren Bezahlung.

Das Job-Wunder der Frauen kommt nicht von ungefähr. Es ist eng verknüpft mit dem Ausbau des Niedriglohnsektors,[86] der Minijobs und dem Anstieg von Teilzeitstellen. Mit der Einführung von Hartz IV sehen sich viele gezwungen, auch Beschäftigungen anzunehmen, die nicht nur nicht ihrem Ausbildungsniveau entsprechen, sondern auch schlecht bezahlt werden. Das liegt zunächst einmal daran, dass die Hartz-IV-Sätze so niedrig sind, dass es schwer ist, davon ein halbwegs menschenwürdiges Leben zu führen. Und selbst wenn es einem leichtfällt, seine Bedürfnisse auf ein Minimum herunterzuschrauben, so ist der Erhalt von Hartz IV immer an die Bereitschaft gekoppelt, jeden Job anzunehmen. Das hat, zusammen mit der Aushebelung vieler Tarifverträge, dazu geführt, dass sowohl Männer als auch Frauen ein deutlich geringeres Lohnniveau haben: Mittlerweile finden sich fast ein Viertel aller Stellen im Niedriglohnbereich. Frauen sind jedoch besonders davon betroffen: 32,4% aller Frauen erhalten nur den Niedriglohn, das sind etwa doppelt so viele wie bei den Männern, deren Anteil bei 16,7% liegt. Nirgendwo in Europa ist der Kontrast so hoch. Die Einführung der Minijobs 2004 hat daran einen großen Anteil. Mit einem Minijob kann man 450 Euro verdienen, ohne Sozialabgaben oder Steuern zahlen zu müssen. 96% aller Minijobs sind gleichzeitig auch Jobs im Niedriglohnsektor. Frauen sind auch hier besonders oft vertreten, mit zwei Dritteln aller Stellen. Für Ehefrauen bietet sich so ein Minijob oft als familiärer Zuverdienst an; so sind knapp 90% der Frauen, die ausschließlich einem Minijob nachgehen, verheiratet. Ihre Männer arbeiten in der Regel in Vollzeit (88%). Die 450 Euro Zuverdienst sind in vielen Familien offenbar genau das, was zur Deckung der laufenden Ausgaben fehlt.[87]

Für die Förderung der Frauenerwerbstätigkeit war zudem ein 2001 in Kraft getretenes Gesetz von Bedeutung: das Teilzeit- und Befristungsgesetz, mit dem ein grundsätzlicher Anspruch auf Teilzeit rechtlich verankert wurde. Einerseits sollte dadurch Arbeitgebern das

Einrichten von befristeten Stellen erleichtert werden, indem es Arbeitnehmern schwerer gemacht wurde, auf eine Festanstellung zu klagen. Andererseits sollte dem Wunsch vieler Arbeitnehmer entsprochen werden, in Teilzeit zu arbeiten, um neben der Lohnarbeit familiären Verpflichtungen nachgehen zu können. Der Staat wollte damit die Chancengleichheit von Männern und Frauen sowie die Vereinbarkeit von Beruf und Familie fördern und unterschiedliche Lebensentwürfe berücksichtigen.[88] Damit schien der Gesetzgeber offene Türen einzurennen. Zehn Jahre nach der Einführung der neuen Regelungen arbeiteten 43% mehr Menschen in Teilzeit als zuvor, wenn auch nicht alle freiwillig. Ein Fünftel aller Teilzeitbeschäftigten würde gern mehr arbeiten, ein Viertel der Männer und 17% der Frauen, davon vor allem Frauen aus den neuen Bundesländern. Vielen Frauen aus dem Westen kommt Teilzeitarbeit vermutlich gelegen, um Kinder und Pflegebedürftige zu betreuen. Teilzeitarbeit ist aus diesem Grund hauptsächlich Frauenarbeit. Fast jede zweite Frau arbeitet heute in Teilzeit,[89] aber nur 10% der Männer.[90] Ein Sprungbrett zur Karriere ist eine Teilzeitstelle bis heute nicht, sondern eben eine Möglichkeit für Frauen mit Familie, arbeiten zu gehen.

Der Staat hat also mithilfe der Gesetzgebung massiv zur Freisetzung der Arbeitskraft der Frauen beigetragen. Jedoch arbeiten die meisten Frauen unter sehr prekären Bedingungen als Teilzeitkräfte oder in Minijobs, und dies oftmals im Niedriglohnsektor. Die meisten Männer dagegen arbeiten in Vollzeit – können aber davon nur selten eine Familie ernähren. Diese Konstellation hat im Westen das Modell des männlichen Alleinverdieners mit Hausfrau abgelöst, im Osten das Vollzeitmodell für Mann und Frau.

Die Emanzipation ist bei diesem heute weit verbreiteten Familienmodell – selbst nach den Kriterien kapitalistischer Vergesellschaftung – auf halber Strecke stecken geblieben. Die Frauen sind, sobald sie Mütter werden, immer noch oft genug finanziell von ihren Männern abhängig – oder als Alleinerziehende vom Jobcenter. Die Freisetzung der Arbeitskraft der Frau hat also nur den Anschein der Emanzipation hervorgebracht. Dennoch entsteht der Eindruck, dass sie, wenn nicht sofort, so doch in baldiger Zukunft, erreicht werden könnte – etwa wenn der Staat seine bornierte Familienpolitik endlich ändere und statt Betreuungsgeld und Ehegattensplitting mehr Kitas und Ganztagsschulen finanziere oder noch umfänglicher Teilzeitarbeit von Männern und Frauen fördere.

Der erste Amtsvorschlag von Familienministerin Manuela Schwesig (SPD) im Januar 2014 ging in diese Richtung. Väter und Mütter mit kleinen Kindern sollten ein Anrecht auf eine 32-Stunden-Stelle haben, der Lohnausfall solle vom Staat übernommen werden. Schwesig wurde jedoch zurückgepfiffen: Regierungssprecher Seibert nannte den Vorstoß einen »persönlichen Debattenbeitrag« und sah in dieser Legislaturperiode keine Chance für dessen Umsetzung. Doch ganz aus der Luft gegriffen war Schwesigs Vorschlag nicht. Die Idee kam immerhin vom Deutschen Institut für Wirtschaftsforschung (DIW): Frauen und Männer arbeiten jeweils 32 Stunden, haben daher Karriereoptionen und kümmern sich gleich viel um die Kinder, zumindest bis diese vier Jahre alt sind.

Das würde dem Kapital vermutlich nicht allzu weh tun, und die Kosten wären für den Staat mit schätzungsweise 160 Millionen Euro vergleichsweise übersichtlich. Es könnte also eine recht kostengünstige Option sein, damit gut ausgebildete Frauen und Männer Kinder in die Welt setzen und gleichzeitig ohne Unterbrechung für ihren Job zur Verfügung stehen. Bei dieser Lösung der Geschlechter- und Kinderfrage sind Stress und Burn-out für alle Beteiligten jedoch quasi vorprogrammiert.

Die Lohndifferenz von Männern und Frauen

Die aktuelle Variante von Gleichberechtigung in Bezug auf Lohnarbeit hat einen großen Haken: Frauen verdienen im Schnitt nur die Hälfte dessen, was Männer erhalten.[91] Die oft kritisierte Lohndifferenz von Mann und Frau ist nicht allein dem Sexismus männlich geprägter Unternehmen geschuldet, sondern vor allem der Tatsache, dass die Bereiche, in denen Frauen vorrangig arbeiten, traditionell schlechter bezahlt werden, und Frauen aufgrund von Schwangerschaft, Elternzeit und Teilzeitstellen kaum Aufstiegsmöglichkeiten haben.

Der Stand auf dem Arbeitsmarkt ist für Frauen aus historisch-ideologischen Gründen prekär. Nach bürgerlichen Vorstellungen sollten Frauen nicht die Rolle der Familienernährerin ausfüllen (auch wenn es viele mussten), sondern nur bis zur Heirat, danach allenfalls noch als Zuverdienerin arbeiten. Letzteres gilt bis heute für die Mehrzahl der Frauen. Diese Rollenzuschreibung hat Auswirkungen auf die Löhne aller Frauen, egal, ob sie Singles sind oder sogar eine ganze Familie finanzieren.

Für das 19. Jahrhundert beschreibt Marx, wie das »Einsaugen« der Frauen und der Kinder in den Arbeitsmarkt dazu führte, dass der Wert der Ware Arbeitskraft sank.

Nach Marx ist der Wert der Ware Arbeitskraft dadurch bestimmt, was der Arbeiter an Lebensmitteln benötigt, um am nächsten Tag mit gleicher Kraft wieder seiner Arbeit nachgehen zu können. Dazu gehöre auch der Erhalt seiner Familie, denn es müssten auch Kinder aufgezogen werden, die später wieder Arbeiter würden. Der Arbeiter ist nach Marx also männlich, und er versorgt Frau und Kinder. Mit der fortschreitenden Industrialisierung sei jedoch die Ausbeutung auf Frauen und Kinder ausgeweitet worden. Damit wurde auch der Familienlohn kassiert, denn nun arbeiteten statt eines einzigen Menschen vier oder mehr für den Familienerhalt – pro Kopf wurde weniger Lohn gezahlt.[92]

Sicher können solche Stellen als Beleg für den Sexismus von Karl Marx gelesen werden, in dem der männliche Arbeiter zur Norm erhoben und der Familienlohn gegen den Individuallohn ausgespielt wird. Wir können aber mithilfe dieser Theorie auch die aktuelle Entwicklung verstehen, denn sowohl der Wert der Arbeitskraft des Mannes als auch der der Frau sind deutlich gesunken. In der aktuell durchgesetzten Variante hat das jedoch deutlich andere Auswirkungen auf Frauen als auf Männer. Als Teilzeitarbeiterinnen und Mini-Jobberinnen haben Frauen nicht nur deutlich geringere Löhne und weniger Rentenanspruch, sondern ihnen wird auch noch die Hauptsorge um Kinder und Pflegebedürftige aufgehalst. Die Frauen rennen dem Versprechen einer Emanzipation durch Zugang zum Arbeitsmarkt damit hinterher wie der Hase dem Igel. Der Wert der Ware Arbeitskraft bemisst sich noch immer durch die notwendigen Mittel zum Lebensunterhalt einer Familie. Der Mann wird immer noch als Hauptverdiener einer Familie gesehen, weswegen sein Gehalt deutlich höher ist als das der Frau, aber er muss jetzt nur noch sich und die Kinder von seinem Lohn reproduzieren können. Da der Zuverdienst der Frau gesellschaftlich üblich geworden ist und sie nun für einen Teil ihrer eigenen Reproduktion selbst aufkommen muss, konnte auch der Lohn des Mannes deutlich gedrückt werden. Durch das vermehrte Einsaugen weiblicher Arbeitskraft und die damit verbundene Senkung des Werts dieser Ware Arbeitskraft konnte Deutschland ab 2005 in der Staatenkonkurrenz wieder aufholen und die Krise überwinden. Bis dahin hatte Deutschland seit Mitte der 90er Jahre als »der kranke Mann Europas« gegolten. Die Wachstumsraten waren jahrelang die niedrigsten in ganz Europa gewesen. Nicht nur England und Frankreich zogen ökonomisch an Deutschland vorbei, sondern auch kleinere Länder wie Österreich und Irland. Als besonders alarmierend galt vor allem die hohe Arbeitslosigkeit. Mittlerweile ist Deutschland zum ökonomischen Superstar Europas avanciert, dessen Unternehmen, wie mal kritisch, mal anerkennend bemerkt wird, die anderer europäischer Staaten niederkonkurrieren. Auch durch die Finanzkrise 2007/8 konnte sich Deutschland im Vergleich zu anderen europäischen Ländern besonders gut manövrieren. Nach einem Einbruch 2009 hatte der deutsche Staat schon 2010 ein beachtliches Wachstum von 3,5% zu verzeichnen.

Doch dieser »Erfolg« auf Kosten der Lohnabhängigen hat in erster Linie die Frauen als Verliererinnen hervorgebracht, die sich nur aus dem Grund, dass sie jetzt auch arbeiten, als Gewinnerinnen fühlen sollen.

Gelegentlich wirkt die deutsche Familienpolitik etwas widersprüchlich – etwa als zeitgleich mit dem Anspruch auf einen Kitaplatz für Einjährige das Betreuungsgeld eingeführt wurde. Das aber spiegelt nur das aktuelle Spektrum ihrer Aufgaben wider, nämlich sowohl für ausreichend billige Arbeitskräfte auf dem Markt zu sorgen als auch die Familie als Ort des Kinderaufziehens weiterhin zu stärken.

Schluss: Und nun?

»Um für uns und andere zu sorgen, brauchen wir Zeit und Ressourcen aller Art. Dies ist grundlegend für die Verwirklichung unserer Bedürfnisse und Interessen – für ein gutes Leben. In einem kapitalistischen System spielen menschliche Bedürfnisse jedoch nur insofern eine Rolle, als sie für die Herstellung einer flexiblen, kompetenten, leistungsstarken, gut einsetzbaren Arbeitskraft von Bedeutung sind. Sorgearbeit wird gering geschätzt und finanziell kaum unterstützt. Dies gilt insbesondere in der derzeitigen Krise sozialer Reproduktion, die wir als einen zugespitzten Widerspruch zwischen Profitmaximierung und Reproduktion der Arbeitskraft verstehen. Diese soziale Reproduktionskrise hat viele Facetten.«[93]

Im Frühjahr 2014 fand in Berlin der Kongress »Care Revolution« statt. Es gab einen regelrechten Ansturm auf die Veranstaltung. Über 400 Menschen drückten hier ihr Unbehagen an der hohen Belastung und geringen Bezahlung in sozialen und pflegerischen Berufen aus. Zudem wurden der Abbau sozialstaatlicher Leistungen und die Zunahme an Reproduktionsaufgaben in den Familien beklagt. Wörtlich heißt es: »An Kinderbetreuung und Schulbildung wird gespart«, während »die Anforderungen der nicht entlohnten Haus- und Sorgearbeit in Familie, Nachbarschaft und Ehrenamt [wachsen]«. Generell würden Pflege- und erzieherische Aufgaben wenig geschätzt und ständen nicht im Fokus des Interesses.

Doch es scheint, als ob die Protagonistinnen und die wenigen Protagonisten der Care-Bewegung eine Tendenz in den politischen und gesellschaftlichen Debatten über die Reproduktionsarbeit nicht wahrnehmen. Seit ein paar Jahren steht die Familienpolitik nicht am Rande, sondern im Zentrum des öffentlichen Interesses. Die Einführung des Eltern- und Betreuungsgelds sowie das Recht auf einen Kitaplatz ab dem ersten Lebensjahr haben nicht nur die familienpolitische Ausrichtung vollkommen verändert, sondern auch gesellschaftliche Debatten angestoßen. Sicherlich weiß auch eine in der Care-Debatte aktive Person wie Gabriele Winker, dass es einen Ausbau und keinen Abbau von Kindertagestätten gibt, aber auch sie legt ihr Augenmerk auf den immer noch vorhandenen Mangel, ohne die fundamentale Veränderung zu erwähnen, die bereits – vor allem in Westdeutschland – zu verzeichnen ist. Der Staat investiert nicht weniger, sondern mehr in eine Infrastruktur, die die Anforderung an die Haus- und Sorgearbeit zumindest zeitlich deutlich reduziert. Deutlich gesunken sind die Ansprüche an die Haushaltsführung – heute wird nicht mehr wie zu Wirtschaftswunderzeiten erwartet, dass man bei einer guten Hausfrau vom Fußboden essen kann. Gestiegen ist dagegen der Aufwand für die Kindererziehung, denn hier ist das Optimierungsgebot unübersehbar, angefangen bei der Vehemenz, mit der das Stillen vertreten wird. Dass auch größere Kinder kaum mehr allein auf die Straße geschickt werden, sondern unter ständiger Aufsicht und Kontrolle stehen, und Eltern sich permanent fragen müssen, ob sie auch alle Ratschläge befolgen und wirklich das Beste für ihre Kinder getan haben, erhöht selbst bei zeitlicher Entlastung den Druck. Das von staatlichen Stellen koordinierte Expertinnenwesen und seine Empfehlungen fruchten – so kann man annehmen – bislang hauptsächlich bei bürgerlichen Eltern. Deswegen soll jetzt aktiv dafür gesorgt werden, dass *alle* Kinder von den Bildungsangeboten in der Kita profitieren. Selbst die Kleinsten dürfen nicht einfach so spielen, sondern ihnen wird Frühförderung zuteil. Aufgrund der gestiegenen Ansprüche an die Kleinkindbetreuung gibt es Bestrebungen, den Beruf der Erzieherin aufzuwerten. In einigen Bundesländern oder Stadtstaaten wie Berlin ist das Abitur bereits Voraussetzung für die Erzieherinnenausbildung. Die These, dass sich der Staat aus dem Reproduktionsbereich zurückgezogen habe, lässt sich unserer Einschätzung nach also keineswegs halten. Der Ausbau der Kinderbetreuung ermöglicht zweierlei: Der staatliche Einfluss auf die Erziehung der Jüngsten wächst, und viel mehr Mütter als zuvor können einer Arbeit nachgehen, die in Form von Mini-Jobs und Teilzeitarbeit in den letzten 15 Jahren erst geschaffen wurde. So dürfte unter Kosten-Nutzen-Gesichtspunkten zumindest ein Teil der Gelder, die in die Familienpolitik fließen, als Steuern wieder eingebracht werden.

An geringen Kosten der Familienpolitik war der Staat zwar schon immer interessiert, und die Umsonstarbeit der Hausfrau – so könnte man argumentieren – würde immerhin teure Betreuungseinrichtungen ersparen. Es ist aber wohl so, dass in unterschiedlichen historischen Situationen auch eine Kosten-Nutzen-Analyse unterschiedlich ausfällt. Zurzeit ist offensichtlich das Ziel vorrangig, den Wert der Ware Arbeitskraft zu senken, weshalb der Staat die Feministin spielt und den Frauen zu der Erfüllung ihrer Forderung verhilft, Arbeit mit Mutterschaft verbinden zu können.

In der Art und Weise, wie das geschieht, macht das aber offensichtlich kaum jemanden so richtig glücklich. Das Unbehagen an den Arbeits- und Familienverhältnissen ist nicht nur in feministischen Zusammenhängen verbreitet und hauptsächlich der Tatsache geschuldet, dass Lohnarbeit und das Aufziehen von Kindern sowie die Betreuung von Pflegebedürftigen innerhalb der Kleinfamilie nur in den seltensten Fällen zusammenpassen – selbst wenn man nur eine Halbtagstelle hat. Da heute fast alle arbeiten *müssen*, wenn sie über die Runden kommen wollen, kennt ein Großteil der Bevölkerung das Gefühl der Überforderung. Entweder entscheidet man sich also gegen ein Kind oder nimmt den Stress in Kauf.

Als Ursache gelten vielen der sogenannte Raubtierkapitalismus und die neoliberale Deregulierung. Weder das Modell »Kleinfamilie« – heute oft zur Alleinerziehenden geschrumpft – noch die Lohnarbeit als solche werden in Frage gestellt. Es scheint, als wollten viele aus der neuen Care-Bewegung nur die besseren Familienministerinnen sein: Zwar müsse es weniger Lohnarbeit geben, und in den Familien müsse mehr Zeit für Reproduktionsaufgaben zur Verfügung stehen wie auch für Muße und politisches Engagement; Betreuungseinrichtungen sollten größere Zeiträume abdecken, das Personal besser bezahlt werden. Das hört sich erst mal gut an. Allerdings beruht die kapitalistische Produktionsweise auf Profitmaximierung und nicht auf besonnenen Überlegungen, wie die Bedürfnisse der Menschen befriedigt werden könnten. Auf der Grundlage profitorientierten Wirtschaftens lässt sich das Alltagsleben der Menschen nicht so organisieren, wie es einem gefallen würde. In den feministischen Zusammenhängen, die die Care-Bewegung ausmachen, wird jedoch davon ausgegangen, dass nicht das kapitalistische System das Problem sei, sondern die aktuelle, als neoliberal bezeichnete Politik. Diese stehe im Gegensatz zur »sozialen Marktwirtschaft« der 60er und 70er Jahre, als der Staat dafür sorgte, dass angeblich alle Risiken des Lebens abgesichert waren. Übersehen wird dabei, dass die Risiken angesichts jahrzehntelanger Vollbeschäftigung recht überschaubar waren. Weil die Sicherungssysteme dem gestiegenen Bedarf an Leistungen nicht mehr begegnen können, erscheint es vielen so, als habe sich der Staat zurückgezogen und alles in die Eigenverantwortung seiner Bürger gegeben. Dass es zumindest in der Bundesrepublik Deutschland noch nie so viel staatliche Unterstützung in der Kinder- und Altenbetreuung gab wie heute, muss in dieser Einschätzung ausgeblendet werden – weil es aus der Sicht der Kritikerinnen des Neoliberalismus offenbar nicht sein kann, dass der Staat heute familienpolitisch aktiver ist als in den Zeiten des »Wohlfahrtsstaates« – und trotzdem ein Großteil der Staatsbürger am Rande des Nervenzusammenbruchs lebt. Die Annahme, im Gegensatz zu heute sei es der Politik früher wirklich um die Menschen gegangen, wird als »Beweis« dafür angeführt, dass es auch heute besser ginge. Unserer Ansicht nach wird dabei der Wunsch nach Erfüllung aktueller Forderungen in die Vergangenheit projiziert, um am Staat als Adressaten festzuhalten. Dessen Rolle aber bestand schon immer auch darin, die Kapitalakkumulation am Laufen zu halten. Forderungen an den Staat werden in der Regel entweder dann erfüllt, wenn sie ohnehin mit den aktuellen Entwicklungen der Produktionsweise kompatibel sind und in diese integriert werden können – wie es etwa mit den Stillgruppen passiert ist –, oder wenn sie der Aufstandsbekämpfung dienen – wie beispielsweise die Integration der Arbeiterbewegung unter Bismarck. Dem Bewegungsspielraum staatlicher Politik sind in der Regel enge Grenze gesetzt, und so beraubt sich eine Bewegung, die ihre Forderungen ausschließlich an den Staat richtet, ihres radikalen Stachels.

Es müsste unserer Einschätzung nach mehr darum gehen, staatliche Institutionen, aber auch die Familie als Keimzelle des bürgerlichen Staates und natürlich die Lohnarbeit infrage zu stellen und nicht zum x-ten Male darauf zu hoffen, dass genau der Apparat uns aus der Misere führt, der maßgeblich zu ihrem Entstehen beigetragen hat. Stattdessen wäre es zukunftsweisender, staatskritische Positionen zu entwickeln – und kollektive Praxen, die die Kleinfamilie, wenn schon nicht gleich ersetzen, so doch entlasten können. Eine Voraussetzung dafür wäre, die vorherrschende Mutterideologie fundamental infrage zu stellen. Mütter sind nicht automatisch besonders stark mit dem Kind verbunden, nur weil sie gebären und stillen – sonst wäre die jahrhundertelange Praxis des Ammenwesens und des Lebens in Großfamilien kaum zu erklären. Die aktuelle Ideologie aber ist bis in die kritischsten Kreise hinein populär und führt dazu, dass Frauen heute freiwillig einen Großteil der

Reproduktionsaufgaben übernehmen und, dass selbst rudimentäre Formen kollektiver Kindererziehung kaum funktionieren.

Die Anzahl der Unzufriedenen und Überforderten angesichts der gesellschaftlichen Zumutungen ist groß. Bisher äußert sich dies hauptsächlich in den weit verbreitenden Symptomen von Burn-out und Depression, denn die Schuld für ihre individuelle Misere suchen viele erst einmal bei sich selbst. Eine revolutionäre Bewegung müsste hier ansetzen und individuelle Schuldzuweisungen, wie ihnen vor allem Mütter immer wieder ausgesetzt sind, bekämpfen. Gleichzeitig müsste sie jegliche Illusion, die sie bezüglich der staatlichen Politik hegt, aufgeben, und mit der kollektiven Organisierung beginnen.

Anmerkungen

1 Wir beziehen uns in den folgenden Kapiteln in erster Linie auf die Situation in Deutschland, schauen nur gelegentlich zum Vergleich in die rechtliche und ideologische Literatur anderer Länder.

2 Siehe zum Beispiel die Rede von Peer Steinbrück anlässlich der Debatte über das Betreuungsgeld am 9.11.2012 im Deutschen Bundestag: www.youtube.com/watch?v=Ubo-9Nqu6Lo [13.5.2015].

3 Vgl. Gabriele Winker: Zur Krise staatlicher Reproduktion, in: Denknetz-Jahrbuch 2013; www.tuhh.de/agentec/winker/pdf/Krise_sozialer_Reproduktion.pdf [13.5.2015]. Winker kritisiert u.E. zu Recht staatliche Reformen im Bereich des Care-Work als Teil der Wirtschaftspolitik, um anschließend allerdings Lösungsvorschläge zu präsentieren, deren Realisierung nur durch den Staat vorstellbar ist.

4 Mütter-Manifest; in: Courage. Berliner Frauenzeitung 2 (1977), S. 33–34; zitiert nach: http://library.fes.de/cgi-bin/courage.pl?id=07.00093&dok=197701&f=197701_033&l=197701_034&c=197701_034 [11.5.2015].

5 Stillgruppe: Stillen als Kampfmittel; in Courage 3 (1978), S. 25; zitiert nach: http://library.fes.de/cgi-bin/courage.pl?id=07.00311&dok=197802&f=197802_025&l=197802_025&c=197802_025 [18.5.2015]

6 Die feministische Abteilung der militanten Gruppe RZ.

7 Christiane Dienel: Die Mutter und ihr erstes Kind – individuelle und staatliche Arrangements im europäischen Vergleich; in: Zeitschrift für Familienforschung 2 (2003), S. 141; zitiert nach: www.zeitschrift-fuer-familienforschung.de/pdf/2003-2-dienel.pdf [11.5.2015].

8 Alle Beispiele aus: Bundeszentrale für gesundheitliche Aufklärung: Das Baby. Informationen für Eltern über das erste Jahr. Im Auftrag des Bundesministerium für Gesundheit, Köln 2013.

9 Zitiert nach: Dienel, a.a.O., S. 128.

10 Dass der heutige Kapitalismus eher Kinder benötigt, die schon von klein auf eine Wertschätzung erfahren haben, deshalb selbstbewusster sind und so in der Firma oder im Start-up besser eigenständig arbeiten können, ist eine sicherlich nicht abwegige Spekulation. Auch scheint es im konsumorientierten Kapitalismus näherliegend zu sein, dem Baby alle Bedürfnisse zu erfüllen, die später dann mittels fleißigen Konsumierens befriedigt werden müssen.

11 Barbara Sichtermann: Leben mit einem Neugeborenen. Ein Buch über das erste halbe Jahr, Frankfurt/Main 2010, S. 116–127.

12 Vgl. Marianne Wiedemann: So oft wie der Vogel über's Haus fliegt; in: Courage. Berliner Frauenzeitung 3 (1978), S. 12–14.

13 Sigmund Freud: Drei Abhandlungen zur Sexualtheorie (1905); in: Sigmund Freud: Studienausgabe, Bd. 4, Frankfurt/Main 2000, S. 125–127.

14 Vgl. John Bowlby: Bindung als sichere Basis, München 2010, S. 3–14.

15 Vgl. Sichtermann, a.a.O., S. 231–237.

16 Jean Liedloff: Die große Bedeutung des Getragenwerdens; in: Mothering Magazine, Winter 1989; zitiert nach: http://continuum-concept.de/texte/die-grosse-bedeutung-des-getragenwerdens.html [11.5.2015].

17 http://lcn.pytalhost.de/forumbeta/index.php?id=165 [11.5.2015].

18 http://lcn.pytalhost.de/forumbeta/index.php?id=163 [15.9.2014].

19 Zuerst sorgte ein spektakulärer Fall in Bremen für Aufregung: Der zweijährige Kevin war tot im Kühlschrank in der Wohnung seines Ziehvaters aufgefunden worden. Er stand unter der Obhut des Jugendamtes und hatte einen Amtsvormund. Dann wurde die Öffentlichkeit von weiteren Fällen aufgeschreckt: Lea-Sophie aus Schwerin, Lea aus der Oberpfalz, Chantal aus Hamburg, Zoe aus Berlin, Sarah aus Thalmässing, Jessica aus Jenfeld, Yagmur aus Hamburg usw.

20 www.sueddeutsche.de/leben/studie-zu-gewalt-an-kindern-viele
-eltern-schlagen-immer-noch-zu-1.1306909 [12.5.2015].

21 Vgl. BMFSFJ: Auf- und Ausbau von Netzwerken Früher Hilfe; www.bmfsfj.de/BMFSFJ/kinder-und-jugend,did=119200.
html [12.5.2015].

22 Vgl. dazu Sichtermann, a.a.O., S. 34–38.

23 Lothar Schneider: Arbeits- und Familienverhältnisse in der
Hausindustrie (Heimarbeiterfamilie); in: Heidi Rosenbaum
(Hg.), a.a.O, S. 269–284.

24 Margarete Freudenthal: Bürgerlicher Haushalt und bürgerliche Familie vom Ende des 18. bis zum Ende des 19. Jahrhunderts; in: Heidi Rosenbaum (Hg.): Familie und Gesell-
schaftsstruktur. Materialien zu den sozioökonomischen Bedingungen von Familienformen, a.a.O., S. 375–398.

25 http://dasnuf.de/category/la-familia/ [12.5.2015].

26 Vgl. Ulrike Prokop: Weiblicher Lebenszusammenhang. Von
der Beschränktheit der Strategien und der Unangemessen-
heit der Wünsche, Frankfurt/Main 1976, S. 75.

27 Vgl. ebd., S. 96.

28 Michael Argyle / Monika Henderson: Die Anatomie mensch-
licher Beziehungen. Spielregeln des Zusammenlebens, Pa-
derborn 1986, S. 87ff.

29 www.vivantes.de/geburt/tipps-fuer-papa/zu-hause-mit-baby/
[12.5.2015].

30 Frank Apunkt Schneider: Stillstand oder von der ideolo-
gisch belasteten Muttermilch; in: Annika Mecklenbrauch /
Lukas Böckmann (Hg.): The Mamas and the Papas. Reproduktion, Pop & widerspenstige Verhältnisse, Mainz 2013,
S. 144–45.

31 Vgl. Michael Matzner: Die Rolle des Vaters in der Kindheit;
in: Sabine Andresen / Micha Brumlik / Claus Koch (Hg.):
Das ElternBuch. Wie unsere Kinder geborgen aufwachsen
und stark werden. 0–18 Jahre, Weinheim und Basel 2010,
S. 121–131.

32 www.kidsgo.de/familie-vaeter-10/probleme-paarbeziehung-02.
php [12.5.2015].

33 Da das Nettogehalt pauschal errechnet wird, kann es im Einzelfall deutlich niedriger ausfallen.

34 Susanne Bruha / Michael Bohmeyer: 50/50: Mutter, Vater, beide gleich? Ein Modell auf dem langen Weg der Gleich-berechtigung; in: Mecklenbrauch/Böckmann (Hg.), a.a.O., S. 109.

35 www.faz.net/aktuell/beruf-chance/recht-und-gehalt/elternzeit-kein-verlass-mehr-auf-die-maenner-12592802.html [12.5.2015].

36 Vgl. Statistisches Bundesamt: Pressemitteilung Nr. 176 vom 27.05.2013; www.destatis.de/DE/PresseService/Presse/Pressemitteilungen/2013/05/PD13_176_22922.html [12.5.2015].

37 Vgl. Élisabeth Badinter: Der Konflikt. Die Frau und die Mut-ter. München 2012. S. 124–126.

38 Siehe zum Beispiel: Rheinisch-Westfälisches Institut für Wirt-schaftsforschung: Evaluation des Gesetzes zum Elterngeld und zur Elternzeit. Studie im Auftrag des Bundesministe-riums für Familie, Senioren, Frauen und Jugend, Juli 2009; vgl. www.spiegel.de/wirtschaft/soziales/elterngeld-studie-mehr-muetter-kehren-zurueck-in-den-job-a-971193.html [13.5.2015].

39 Vgl. das Interview mit Manuela Schwesig auf Spiegel Online: www.spiegel.de/politik/deutschland/manuela-schwesig-ueber-elterngeld-plus-und-frauenquote-a-993605.html [13.5.2015].

40 Wenn die Kinder älter als drei Jahre sind, kann die Ex-Frau oder der Ex-Mann nur noch Unterhalt für sich bekommen, wenn sie oder er nachweist, dass wegen der Erziehungsar-beit Vollzeitarbeit nicht möglich ist.

41 Vgl. LSVD: Kurzer Ratgeber für Stiefkindadoptionen; http://www.lsvd.de/recht/kurzratgeber-muster/stiefkindadoption.html#c9837 [13.5.2015].

42 Zitiert nach der Pressemeldung www.will-media.de/26.0.html?&tx_ttnews[tt_news]=25&cHash=05fda8bcbf [13.5.2015].

43 Seit 2013 dürfen sich auch homosexuelle verheiratete Paare für das Ehegattensplitting entscheiden.

44 Vgl. www.spiegel.de/politik/deutschland/ehegattensplitting -gruene-debattieren-ueber-abschaffung-a-997560.html [13.5.2015].

45 Vgl. www.zeit.de/2012/06/Staat-gegen-Liebe [13.5.2015].

46 Vgl. Georg Wilhelm Friedrich Hegel: Grundlinien der Philosophie des Rechts, Berlin-Ost 1956, S. 150–164.

47 2009 waren schon 19 % der Familien alleinerziehend, Tendenz steigend, in Großstädten sogar jede vierte, in ostdeutschen Großstädten jede dritte. Neun von zehn Alleinerziehenden waren Frauen. Vgl. Statistisches Bundesamt: Alleinerziehende in Deutschland. Ergebnisse des Mikrozensus 2009. Begleitmaterial zur Pressekonferenz am 29. Juli 2010 in Berlin, S. 6–9 und 14–16; www.destatis.de/DE/PresseService/Presse/Pressekonferenzen/2010/Alleinerziehende/pressebroschue re_Alleinerziehende2009.pdf?__blob=publicationFile [13.5.2015].

48 70% der Alleinerziehenden arbeiten, über 40% davon in Vollzeit. 39% beziehen Arbeitslosengeld II. 25% der Väter zahlen nur teilweise Unterhalt, 25% gar keinen. Vgl. BMFS FJ: Alleinerziehende in Deutschland. Lebenssituationen und Lebenswirklichkeiten von Müttern und Kindern; in: Monitor Familienforschung. Beiträge aus Forschung, Statistik und Familienpolitik 28 (2012); S. 16–20; www.bmfsfj.de/RedaktionBMFSFJ/Broschuerenstelle/Pdf-Anlagen/Monitor-Familienforschung-Ausgabe-28,property=pdf,bereich=bm fsfj,sprache=de,rwb=true.pdf [13.5.2015].
Vgl. auch www.sueddeutsche.de/wirtschaft/studie-zu-allein erziehenden-hartz-iv-mutter-kind-1.1908169 [13.5.2015] und: Führerscheinentzug kann säumige Väter bekehren. Interview mit Thomas Meysen; in: Süddeutsche Zeitung, 4.3.2013, S. 5.

49 Vgl. www.spiegel.de/politik/deutschland/reding-warnt-vor-vernachlaessigung-des-kita-ausbaus-in-deutschland-a-866598. html [13.5.2015].

50 In NRW ist die Betreuungsquote mit 23,7% am niedrigsten, in allen ostdeutschen Bundesländern liegt der Anteil der betreuten Kinder bei über 50%. Dies gilt laut Statistischem Bundesamt für den Stichtag 1. März 2014. Vgl. Aktuelle statistische Daten zur Kindertagesbetreuung; in: Martin R. Textor (Hg.): Kindergartenpädagogik. Online-Handbuch; www.kindergartenpaedagogik.de/1650.html [13.5.2015]. Laut Landesregierung in NRW lag der Anteil zum Kindergartenjahr 2013/14 deutlich höher, als das Statische Bundesamt angibt, nämlich um 33,3%; www.mfkjks.nrw.de/kinder-und-jugend/betreuung-fuer-unter-dreijaehrige/ [13.5.2015].

51 Die offizielle Bezeichnung ist »Kindertagespflege«. Der Anteil an Tagesvätern ist minimal und beträgt gerade mal ca. 2,5%, sodass im Folgenden von Tagesmüttern die Rede sein wird.

52 Der Stundenlohn ist von Region zu Region sehr unterschiedlich und kann zwischen 2 und 9 Euro betragen. Die Frauen müssen selbst kalkulieren. Aber schon eine »gut« verdienende Tagesmutter mit 8 Euro Stundenlohn pro Kind und Stunde kommt bei einem Bruttolohn von 2236 Euro nur auf 700 Euro Netto. Beispiel Nicole K.: »[M]ein Einkommen ist derzeit 2236 Euro [...], davon bezahle ich 350 Euro Krankenkasse, 240 Euro Rentenversicherung, 350 Euro Steuern, Versicherungen ca. 50 Euro, und dann kommen noch 500– 600 Euro für Pflege- und Lebensmittel [...]. Das sind nur die laufenden Kosten, von dem Restgeld werden in regelmäßigen Abständen die Spielsachen erneuert und neues Spielmaterial angeschafft. Dadurch, dass ich zu Hause betreue, nutzen sich auch meine privaten Dinge extrem ab, und wir müssen in regelmäßigen Abständen renovieren. Auch der Strom, Wasser, Müll und Heizölverbrauch steigt dadurch um ein Vielfaches. Wenn man es ganz genau nimmt, dann bleiben wahrscheinlich noch weniger als 700 Euro übrig.« www.zeit.de/wirtschaft/2010-12/einzelkaempfer-tagesmutter [13.5.2015].

53 www.landesverband-kindertagespflege-nrw.de/files/anfrage_17_7_14_essensgeld_mmd16-6338.pdf [13.5.2015].

54 Vgl. Aktuelle Statistische Daten zur Kinderbetreuung, in: Textor, a.a.O., oder https://de.wikipedia.org/wiki/Kinder garten [13.5.2015].

55 www.bildungsserver.de/Studien-und-Statistiken-zum-Be-treuungsgeld-10234.html [13.5.2015].

56 Peer Steinbrück hat in einer Rede zum Thema 2012 als Grund gegen das Betreuungsgeld den Verlust von fünf bis sechs Millionen Arbeitnehmern genannt, der entweder durch die Einwanderung von mehr Migrantinnen oder durch das Ein-saugen von Frauen in den Arbeitsmarkt ausgeglichen werden könnte. Dies möchte er durch den Ausbau von Betreuungs-plätzen und die gleiche Bezahlung von Männern und Frau-en erreichen. www.peer-steinbrueck.de/peer-steinbrucks-rede-zum-betreuungsgeld-im-bundestag/ [13.5.2015].

57 Möglich ist auch, dass »die leibliche Mutter, ihre Lebenspart-nerin und der rechtliche Vater […] sich die Elternzeit teilen, indem eine Zeit lang der eine und dann der andere mit dem Kind in einem Haushalt zusammenlebt und das Kind be-treut.« LSVD: Ratgeber zum LPartG; www.lsvd.de/recht/ ratgeber-zum-lpartg/6-sozialrecht.html [13.5.2015].

58 Jedoch standen hier diejenigen besser da, die Transferleis-tungen vom Staat erhielten, denn das Erziehungsgeld wurde nicht auf diese angerechnet. Selbst beim Bezug von Sozial-hilfe lebten Frau und Kind während der Bezugsdauer ober-halb der Armutsgrenze. Zuletzt lag der Satz bei 300 Euro bei zweijährigem Bezug und bei 450 Euro bei einjährigem Bezug.

59 Vgl. Prognos AG: Gesamtevaluation der ehe- und famili-enbezogenen Maßnahmen und Leistungen in Deutschland. Auftraggeber: Bundesministerium der Finanzen und Bun-desministerium für Familie, Senioren, Frauen und Jugend; www.bmfsfj.de/RedaktionBMFSFJ/Abteilung2/Pdf-Anlagen/ gesamtevaluation-endbericht,property=pdf,bereich=bmfsfj, sprache=de,rwb=true.pdf [13.5.2015].

60 Vgl. Martin Bujard: Wie wirkt das Elterngeld?; in: Konrad Adenauer Stiftung (Hg.): Analysen & Argumente 123 (2013);

www.kas.de/wf/doc/kas_34530-544-1-30.pdf?130530214403 [13.5.2015].

61 Vgl. Statistisches Bundesamt: Pressemitteilung Nr. 176 vom 27.05.2013; www.destatis.de/DE/PresseService/Presse/Pressemitteilungen/2013/05/PD13_176_22922.html [13.5.2015].

62 Vgl. Rheinisch-Westfälisches Institut für Wirtschaftsforschung: Elterngeldmütter arbeiten häufiger und haben bessere Jobs. Pressemitteilung vom 22.05.2014; www.rwi-essen.de/presse/mitteilung/153/ [13.5.2015].

63 Ähnlich ist auch die Position des Arbeitgeberverbandes in seinem Positionspapier »Familie mit Zukunft. Ehe- und familienbezogene Leistungen zukunftsorientiert ausrichten« vom November 2013, vgl. www.arbeitgeber.de/www/arbeitgeber.nsf/res/PoPaFamilie.pdf/$file/PoPaFamilie.pdf [13.5.2015].

64 Zitiert nach www.welt.de/politik/deutschland/article126066262/Die-Wirtschaft-lobt-Schwesigs-neues-Elterngeld.html [13.5.2015].

65 2012 waren 69 % der Mütter, aber nur 6 % der Väter in Teilzeitarbeit. Vgl. Statistisches Bundesamt: Wirtschaft und Statistik, 12 (2013); www.destatis.de/DE/Publikationen/WirtschaftStatistik/Monatsausgaben/WistaDezember2013.pdf?__blob=publicationFile [13.5.2015].

66 Zum Beispiel auf der Webseite des Bundesfamilienministeriums zu »Familie und Arbeitswelt«; vgl. www.bmfsfj.de/BMFSFJ/Familie/familie-und-arbeitswelt.html [13.5.2015].

67 Siehe vor allem die erwähnte Homepage des BMFSFJ sowie auf der Webseite der Bundesvereinigung deutscher Arbeitgeber (BDA) »Vereinbarkeit von Familie und Beruf / Familienfreundlichkeit«; www.arbeitgeber.de/www/arbeitgeber.nsf/id/B115D7B067303C75C125750000465A63 [13.5.2015].

68 www.familienfreundlicher-arbeitgeber.de/ [13.5.2015]. Das »Qualitätssiegel ›Familienfreundlicher Arbeitgeber‹« ist eine Initiative der Bertelsmann Stiftung.

69 Vgl. BMFSFJ: Familienbewusste Arbeitszeiten. Leitfaden für die praktische Umsetzung von flexiblen, familienfreundlichen Arbeitszeitmodellen – Zur richtigen Zeit am richtigen Ort.; www.bmfsfj.de/RedaktionBMFSFJ/Broschuerenstelle /Pdf-Anlagen/Familienbewusste-Arbeitszeiten-Leitfaden, property=pdf,bereich=bmfsfj,sprache=de,rwb=true.pdf [13.5.2015]. Siehe auch Bundesvereinigung der deutschen Arbeitgeberverbände: Vereinbarkeit von Familie und Beruf. Praxisbeispiele aus der Wirtschaft; www.beruf-und-familie. de/system/cms/data/dl_data/0e1a8e9274cf1ce1a68bfc180 9c40bff/BDA_Vereinbarkeit_von_Familie_und_Beruf.pdf [13.5.2015].

70 Dass es in der Verantwortung der einzelnen Unternehmen liege, Betreuungseinrichtungen für die Kinder ihrer Arbeitskräfte einzurichten, weist der Arbeitgeberverband jedoch von sich: »Bei der Kinderbetreuung, die für die Vereinbarkeit von Familie und Beruf entscheidend ist, ist aber vor allem der Staat gefragt.« www.arbeitgeber.de/www/arbeitgeber. nsf/id/9CZDGQ-de_vereinbarkeit-von-familie-und-beruf [13.5.2015].

71 Vgl. z.B. DIHK, BMFSFJ, berufundfamilie gGmbH (Hg.): Familienorientierte Personalpolitik. Checkheft für kleinere oder größere Unternehmen; www.bmfsfj.de/Redaktion BMFSFJ/ Broschuerenstelle/Pdf-Anlagen/familienorientierte-personal politik-checkheft,property=pdf,=bmfsfj,sprache=de,rwb= true.pdf [13.5.2015]. Siehe auch: BdA: Vereinbarkeit von Familie und Beruf. Praxisbeispiele aus der Wirtschaft, a.a.O.

72 Vgl. z.B. das »Familienbüro« der FU Berlin. www.fu-berlin. de/sites/familienbuero/beruf_mit_kind/index.html [13.5.2015].

73 Das wurde uns allerdings nur privat von einer Mitarbeiterin der familiennahen Dienste einer Universität erzählt. Es stellt sich dabei natürlich die Frage, warum um das Erlangen einer Professur so viel Getue gemacht wird, wenn eine aufgeschlossene Studentin einen Großteil dieser Arbeiten übernehmen kann.

74 Vgl. DIHK, BMFSFJ, berufundfamilie gGmbH (Hg.): Familienorientierte Personalpolitik. Checkheft für kleinere oder größere Unternehmen, a.a.O.

75 Zum Beispiel auf www.elternjobs.de/arbeitgeberinfos [13.5.2015].

76 Vgl www.zeit.de/karriere/2014-03/hausarbeit-frauen-international-vergleich [13.5.2015].

77 Vgl. Senatsverwaltung für Arbeit, Integration und Frauen Berlin: Gender Datenreport Berlin 2013; www.statistik-berlin-brandenburg.de/gender/kapitel2013/Demog_2.htm [13.5.2015].

78 Zentrum für europäische Wirtschaftsforschungs GmbH: Lehren für die Familienpolitik. Zentrale Resultate der Gesamtevaluation familienbezogener Leistungen; http://ftp.zew.de/pub/zew-docs/gutachten/Fampolit_Leistungen_HBO.pdf [15.5.2015].

79 www.spiegel.de/politik/deutschland/diw-ifo-und-zew-legen-studie-zur-familienpolitik-vor-a-925612.html#js-article-comments-box-pager [15.5.2015].

80 Forsa: Wenn Eltern die Wahl haben. Eine repräsentative Forsa-Studie im Auftrag von *Eltern*; http://www.eltern.de/public/mediabrowserplus_root_folder/PDFs/ELTERN_forsa-Studie_Wahl.pdf [15.5.2015].

81 Bundeszentrale für politische Bildung: Reale und nominale Lohnentwicklung; www.bpb.de/nachschlagen/zahlen-und-fakten/soziale-situation-in-deutschland/61766/lohnentwicklung [15.5.2015].

82 Vgl. durchschnittseinkommen.net/durchschnittseinkommen-in-deutschland/ [25.10.14].

83 Die Zahlen unterscheiden sich je nach Quelle. Manchmal wird sich auf die Erwerbsquote und manchmal auf die Erwerbstätigenquote bezogen. Mit Ersterer sind sowohl die Erwerbstätigen als auch die Erwerbslosen gemeint. Letztere bezeichnet alle, die in irgendeiner Form tatsächlich erwerbstätig sind. Es ist immer die Altersstufe von 15 bis 65 gemeint. Wir beziehen uns auf die Zahlen des Statistischen

Bundesamtes von 2010. Vgl. Bundeszentrale für politische Bildung 2010; www.bpb.de/politik/innenpolitik/arbeits marktpolitik/55097/ernaehrermodell [15.5.2015].

84 Vgl. Kathrin Schäffgen: Die Verdopplung der Ungleichheit. Sozialstruktur und Geschlechterverhältnisse in der Bundesrepublik und in der DDR; http://edoc.hu-berlin.de/dissertationen /phil/schaefgen-katrin/PDF/Schaefgen.pdf [15.5.2015].

85 Vgl. Statistisches Landesamt Baden-Württemberg: Indikatoren zum Thema »Erwerbstätigkeit«. Erwerbstätigenquote der Frauen; www.statistik-portal.de/ArbeitsmErwerb/Indi katoren/ET_erwTaetigenQuoteFr.asp [15.5.2015].

86 Der Niedriglohn bestimmt sich dadurch, dass weniger als 2/3 des mittleren Lohneinkommens gezahlt werden. In Deutschland lag er laut Institut für Arbeit und Qualifikation im Jahre 2010 bei 9,15 Euro pro Stunde. www.iaq.uni-due. de/iaq-report/2012/report2012-01.pdf [15.5.2015]. Aber auch hier hängen die Zahlen wieder davon ab, wie gerechnet wird. Das Institut z.B. rechnet Schüler, Studenten und Rentner mit ein und kommt so auf einen deutlich geringeren Durchschnittslohn, als wenn nur Erwerbstätige berücksichtigt würden. www.hensche.de/Niedrigloehne_in_Deutschland_ Wie_gross_ist_der_Niedriglohnsektor.html [15.5.2015].

87 Vgl. BMFSFJ: Frauen im Minijob. Motive und (Fehl-)Anreize für die Aufnahme geringfügiger Beschäftigung im Lebenslauf; www.bmfsfj.de/RedaktionBMFSFJ/Broschuerenstelle /Pdf-Anlagen/Frauen-im-Minijob,property=pdf,bereich=b mfsfj,sprache=de,rwb=true.pdf [15.5.2015].

88 BMAS: Teilzeit – Alles was Recht ist. Rechtliche Rahmenbedingungen für Arbeitnehmer und Arbeitgeber; www.bmas. de/SharedDocs/Downloads/DE/PDF-Publikationen/a263-teilzeit-alles-was-recht-ist.pdf;jsessionid=CA9547B4BCC8 0382CAF5C6BC45E7BC61?__blob=publicationFile, S. 7-8 [15.5.2015].

89 Fast die Hälfte aller Frauen arbeitet Teilzeit. Vgl. www.sued deutsche.de/karriere/statistisches-bundesamt-fast-die-haefte -aller-frauen-arbeitet-teilzeit-1.1618103 [15.5.2015].

90 Statistisches Bundesamt: Frauen und Männer auf dem Arbeitsmarkt. Deutschland und Europa; www.destatis.de/DE/Publikationen/Thematisch/Arbeitsmarkt/Erwerbstaetige/BroeschuereFrauenMaennerArbeitsmarkt0010018129004.pdf?__blob=publicationFile, S. 30 [15.5.2015].

91 Vgl. www.welt.de/wirtschaft/article131620693/Frauen-verdienen-nur-halb-so-viel-wie-Maenner.html [15.5.2015].

92 Vgl. Karl Marx: Das Kapital. Zur Kritik der politischen Ökonomie; MEW 23, Berlin-Ost 1983, S. 417.

93 Aus der Einladung zur »Aktionskonferenz Care Revolution«, http://care-revolution.site36.net/programm/einladung/ [15.5.2015].

Reihe **Sexual Politics**

Georg Seeßlen
Sex-Fantasien in der Hightech-Welt I–III
Bd. 1: Träumen Androiden von elektronischen Orgasmen?
Bd. 2: Der virtuelle Garten der Lüste
Bd. 3: Future Sex in Queertopia

Jule Reifenberger
Girls with Guns
Rape & Revenge
Movies: Radikal-
feministisch?

Oliver Schott
**Lob der offenen
Beziehung**
Über Liebe, Sex,
Vernunft und Glück

Georg Seeßlen
**Digitales
Dating**. Liebe
und Sex in Zeiten
des Internets

www.bertz-fischer.de
mail@bertz-fischer.de
Newsletter: bertz-fischer.de/newsletter